동작
세계가 주목할 K-도시

동작
세계가 주목할 K-도시

초판 1쇄 인쇄 · 2025년 8월 18일
초판 1쇄 발행 · 2025년 8월 22일

지 은 이 · 박일하
펴 낸 이 · 황정필
펴 낸 곳 · 실크로드

책임편집 · 조춘제, 김숙희
디 자 인 · 이기남
마 케 팅 · 황정필
관리·제작 · 김신기, 정지수

주 소 · 경기도 파주시 문발로 214-12, 3층
전 화 · 031-955-6333~4
팩 스 · 031-955-6335
등록번호 · 제2014-000131호
이 메 일 · silkroad6333@hanmail.net

ISBN 978-89-94893-56-3(03800)
책값은 책표지 뒤에 있습니다.

이 책은 실크로드가 저작권자와의 계약에 따라
발행한 것이므로 저작권법에 따라 무단 전재와 복제를 금합니다.
이 도서의 국립중앙도서관 출판예정도서목록(CIP)은 서지정보유통지원시스템
홈페이지(http://seoji.nl.go.kr)와 국가자료종합목록 구축시스템(http://kolis-net.nl.go.kr)에서
이용하실 수 있습니다.

동작

세계가 주목할 K-도시

박일하 지음

실크로드
silkroad

프롤로그
prologue

"쾅 쾅 쾅"

새벽 3시, 신문사 총무가 야구방망이로 벽을 치며 신문배달원들을 깨운다.

"또 하루가 시작되는구나."

눈을 부스스 비비며 뒤척인다. 오늘은 굵은 빗소리가 들리니 일어나기가 왠지 싫다.

"뭐 하고 있어? 일어나! 일어나!"

재촉에 못 이겨 신문사 기숙사에 있는 80여 명의 배달원들이 하나둘씩 일어나 신문보급소로 이동한다. 기숙사와 보급소는 떨어져 있기 때문이다.

보급소에 도착해서는 광고물 홍보지를 신문 사이에 끼워 넣는 작업을 한다.

한두 번 해 본 게 아니라서 이제 작업 속도가 달인을 능가한다.

덕분에 300부 정도는 금방 신문 속에 집어넣고 배달 지역까지 가는 버스에 몸을 실은 채 차가 출발하기 전 잠깐 또 눈을 붙이며 잔다.

버스를 타고 내 배달 구역에 도착하면 아까 작업했던 신문을 옆구리에 끼고 첫째 집부터 넣으며 뛰기 시작한다.

빨리 배달하는 게 상책이다.

늘 해오던 대로 300부를 각각의 집에다 순서대로 투입한다.

이층집에 던지는 신문은 비닐봉지에 넣어서 던져야 비를 맞지 않는다.

오늘은 우비를 입고 뛰어선지 다른 날보다 몸이 굼뜨지만, 그래도 굴하지 않는다.

어슴푸레한 새벽, 마지막 집에 신문을 집어넣으면 날이 샌다.

기분이 상쾌하다. 인근 공원에 평행봉이 있어 몇 번 하고 나면 가슴이 트인 느낌이 들며 기분이 좋아진다.

다시 신문사까지 뛰어오면 어느새 다른 신문배달원들도 와 있다. 식당에는 아주머니가 미리 준비해 주신 아침 식사가 놓여 있다. 미친 듯이 밥을 먹고, 씻고, 몸단장한다.

오늘 아침에는 새롭게 신축되어 많은 사람이 입주한다는 개포동 아파트로 가 이삿짐을 날라 주어야 한다. 그래야 신문을 보게 할 수 있기 때문이다.

대부분 사람은 이삿짐을 날라 주면 신문을 구독해 준다. 물론 조선일보를 싫어하는 사람은 처음부터 이삿짐도 못 나르게 하고 구독도 해 주지 않지만…….

그리고 점심시간 이후에는 신문 배달 지역을 돌며 수금해야 한다.

가정마다 방문해 신문값을 수금하는데 대부분 제대로 챙겨 주지만, 대금이 계속 밀리며 안 주는 사람도 있다.

특히, 새로 이사 오거나 다른 신문을 사절하는 집에는 일단 신문부터 집어넣고 구독을 권유해 보지만 신문만 보고 대금은 주지 않는 사람도 많다.

수금이 끝나면 버스를 타고 신사동에서 노량진 재수학원으로 향한다.

오늘도 버스에 몸을 싣고 차창 밖을 쳐다보며 가는데, 눈을 떠보니 내릴 곳을 몇 정거장 지났다.

부랴부랴 뛰어내려 노량진까지 다시 뛰어간다.

재수학원에 도착하니 주간반 수업이 끝나 밖으로 나가는 원생들로 왁자지껄하다.

나는 빈 강의실을 찾아 들어가 혼자 앉았다.

나는 야간반이기 때문이다.

공부하려고 책을 펴기 무섭게 주변이 시끄러워진다.

강의실에 수업이 있는지 학생들이 하나둘씩 들어오고 있다.

나는 다시 일어나 다른 빈 강의실로 들어간다.

동작구청장 박일하

차례
contents

프롤로그 4

PART 1 두려움이 닥쳐도 나아갑니다
인생은 혼자서 가보는 거야 14

사람의 마음은 한순간 19

뭇사람의 말은 쇠도 녹인다! 21

털어도 먼지 안 날 사람 있냐만 24

꿈은 이루려고 꾸는 거지 29

한 걸음 한 걸음이 멀리 간다 33

우연이 겹치면 운명이다 38

뜻하지 않았던 욕망 42

정치하면 어떨까요? 46

PART 2 구청장은 어떻게 되는 거죠?
정치도 모르는 사람이 말도 안 되는 도전을? 50

정치 초보가 구청장에 출마하다 53

여기 동작구 좀 바꿔주세요! 57

이제부터 공약 실천하겠습니다　60
구청장 당선 신고식을 호되게　65
책임은 다른 사람을 돕는 기회다　69
동작구청장 물러나라!　72

PART 3 **신념이 행동을 이끕니다**

재개발·재건축은 이렇게 하는 거야　78
동작구를 기회의 땅으로, 현재 공사 중　84
스마트한 도시개발·관리 가이드라인 제도 도입　94
호국 보훈 클러스터, 메모리얼 파크로　97
새로운 게임 법칙을 작동해야　101
주민 소통은 공공이 책임진다　103
만 원 주택도 있다고요!　108
기후테크는 미래를 지키는 우리의 의무　111
동작구만의 버스정류장 만들다　115

PART 4 박일하는 해결사!

아름다운 인연　122

주먹을 쥐고 있으면 악수할 수 없다　126

영어의 바다에 헤엄치게 한다　129

어린이는 동작에 와야 해!　133

전화 한 통으로 OK, 복지 혁신 플랫폼 탄생!　136

공공목욕탕이 건네는 질문　142

사람과 문화예술이 만나 빛나게 될 도시　147

나도 이제 청년 구청장　149

PART 5 우리 동네 동작구를 꽃피우는 길

우리나라 최초의 철도역　156

9호선 급행열차, 흑석역 정차해야　158

누구나 살고 싶어 하는 곳으로　161

지금의 모습 언제까지 남아 있을까　164

사통팔달, 교통 인프라의 메카 166

쓰레기장의 변신은 무죄 169

30년 숙원 사업도 해결중! 자원순환센터 지하화 175

PART 6 세계 최고의 도시를 꿈꾸며

동작구청 주식회사 설립 180

산을 움직이려면 작은 돌부터 들어내라 183

새로운 파라다이스 도시를 꿈꾸다 188

교통 좋아! 공기 좋아! 살기 좋은 동작 195

아직도 갈 길이 남아 있습니다 201

희망과 함께 앞으로 걸어 나가리 207

난 맞섰어, 그리고 당당했어! 212

에필로그 222

씨앗 한 톨 심지 않고,

벽돌 한 장 쌓지 않고,

옷 한 벌 짓지 않고,

정치만 천직으로 삼는 사람이라면

그는 그의 민족에게 재앙을 가져다준다.

칼릴 지브란

PART 1

두려움이 닥쳐도 나아갑니다

인생은 혼자서 가보는 거야

누구나 스스로 인생 목표를 세우고, 굳은 신념을 가지고 살아간다. 그러나 인생이 반드시 자기 뜻대로 되는 것은 아니다. 추진하는 갖가지 일들이 마음먹은 대로 되지 않아 좌절할 때도 많다.

사람의 앞날은 매우 변화무쌍해서 단정 짓거나 예측하기 어렵다. 살다 보면 끊임없이 행운과 불운, 우연과 필연, 갖가지 수난 그리고 기쁨과 고통이 뒤따르기 마련이다. '내 인생의 주인공은 반드시 나'라고 말하기조차 어렵다. 그렇다면 어떻게 살아야 할까? 억압된 삶에서 벗어나려면 어찌해야 할까?

'중꺾마'라는 신조어가 종종 쓰이는데, 중꺾마는 '중요한 것은 꺾이지 않는 마음'의 줄임말로 아무리 어려운 상황이라도 포기하지 않는 굳은 의지를 뜻한다. 또 초심(初心)으로 돌아가라는 말도 있다. 하지만 그러고 싶어도 마음처럼 되지 않는 것이 인생사다. 그래서 자기 뜻을 이룬다면 얼마나 좋겠는가?

소설가 공지영이 쓴 <무소의 뿔처럼 혼자서 가라>라는 제목의 소설이 있다. 이 말은 오래된 불교 경전에서 따왔다고 한다. 큰 줄거리는 대학 동창인 여성 3명의 이야기이다. 그녀들은 쉽게 말해서 한결같이 잘난 여성들이다.

세 여성 모두 긍지와 자부심이 대단했고, 자신들의 밝고 희망 넘치는 미래를 개척하는 일에도 자신 있었다. 모두 자기 의지대로 자립해서 잘 살 수 있을 거라고 확신했다. 그리고 그에 걸맞게 작가, 아나운서, 프랑스 유학 등으로 자립의 길을 걷게 됐으며 세 여성 모두 좋은 남자, 잘난 남자들과 결혼했다.

하지만 그녀들의 행복은 오래 가지 못했다. 작가가 된 여성은 교통사고로 아이를 잃고 이혼했으며, 아나운서였던 여성은 재력가와 결혼했으나 서로 맞바람을 피웠다. 또 프랑스로 유학 간 여성은 남편 뒷바라지만 하다가 불화로 자살까지 시도했다.

자신의 의지대로 살겠다고 자립을 확신했던 세 여성은 결국 남자에게 의지하고 의존하며 살아가야 했고, 결과적으로 행복하지 못했다.

나 또한 가난한 집안에서 태어나 어렵게 고등학교까진 마쳤지만, 도저히 대학에 진학할 형편은 아니었다. 다만 학구열만큼은 뛰어나 어떻게든 대학에 가려고 무작정 상경해서 노량진 재수학원을 다녔다.

 대학등록금을 낼 수 있는 사정이 아니다 보니, 학비가 없는 대학을 찾다가 국비 지원이 되는 철도대학에 진학했다. 물론 철도 전문가로 성공하겠다는 뜻은 없었다. 내가 자라온 제천이 철도의 중심지이고, 철도청 다니는 아버지들이 자식 6~7명을 모두 대학까지 보내는 걸 보니 철도공무원이 되는 것도 괜찮겠다 싶었기 때문이다. 그렇게 이 대학을 졸업하고 나는 철도청에 임용, 공무원이 되었다.

 사실 나는 공무원보다, 산업 디자인 분야나 외국계 기업에서 일하고 싶었다. 그에 따라 실제로 그런 직장에 지원해서 이직하려 했다. 하지만 그때마다 승진 등으로 발목이 잡혀 눌러앉았다. 그러다 보니 직위가 높아져 모든 꿈을 포기하고 평생 공무원으로 퇴직하겠다는 결심을 하게 된 것이다.

 가족과 가정도 예외는 아니다. 나는 무척 연로하신 부친을 모시고 살고 있으며, 자녀는 딸만 둘이다. 흔히 아들은 남의 자식이라고 말한다. 군대에 가면 나라의 자식, 결혼하면 자기 아내, 또 처가의 자식이라는 비아냥이 있다. 딸은 2명만 있어도 국가유공자라고 농담한다.

 구청장도 그렇다. 지자체의 수장은 선출직으로 정치인이다. 정치인이 되겠다는 꿈조차 가져 본 적이 없는 나였지만 퇴직을 앞두고 있을 무렵, 지인들과 우연히 동작구에서 식사 모임을 가지게 됐다. 그때 누가 나한테 동작구에 마땅한 후보가 없다면서 구청장에 나가 보라는 이야기를 건넸다. 그냥 웃어넘기다가 나중에 혼자 가만히 생각해 보니까 서울 중심 지역에 있으면서도 많이 낙후된 지역이 바로 동작구였다. 개발 전문가로서 관심이 가지 않을 수 없었다.

내 손으로 동작구를 꿈의 도시, 세계 1등 도시로 바꾸고 싶고, 또 그걸 해낼 수 있겠다고 생각을 한 것이 구청장 출마 계기였다. 그렇게 정치인이 되기까지 많은 어려움이 있었으나 마침내 구청장이 됐고, 정치인이지만 가장 익숙하고 많은 체험을 했던 공무원처럼 일해 왔다. 결과는 대개 괄목할 만한 성과들을 남겼다. 정말 어떻게 바뀔지 모르는 것이 인생사다. 내가 그 장본인이다.

불교 경전 속 <무소의 뿔처럼 혼자서 가라>는 이러하다.

> 소리에 놀라지 않는 사자같이
> 그물에 걸리지 않는 바람같이
> 물에 더럽혀지지 않는 연꽃같이
> 무소의 뿔처럼 혼자서 가라

'혼자서 가라'는 의미가 무리에서 벗어나 자기 혼자서 가라는 뜻은 아니다. 너 자신을 알라라는 의미를 지니고 있다. 나의 성격, 개성, 취향, 습성 그리고 내가 좋아하는 것은 무엇이며, 내가 잘할 수 있는 것은 무엇인가, 나의 인간관계는 어떠한가 등을 정확히 잘 알고 도전하라는 의미이다. 그래서 어떤 사람은 '무소의 뿔처럼 혼자서 가라'의 의미를 자기를 발견하라는 뜻으로 풀이했다.

찰스 다윈의 '진화론'이 있다. 그 핵심 가운데 하나는 적응과 도태다. 모든 생명체는 자신에게 주어진 서식 환경에 적응해야 생존할 수 있으며 적응하지 못하면 도태된다는 것이다.

우리 인생사도 그렇다. 어떻게 바뀔지 자기 자신도 모르는 삶의 변화, 원하든 원치 않든 자신에게 주어진 환경에 적응해야 자신만의 삶을 이룩할 수 있을 것이다. 인생은 누구도 모른다. 누구도 모르기에 혼자서 가 보는 거다.

사람의
마음은 한순간

영국에서 철의 여인으로 불렸던 마가렛 대처(Margaret Thatcher) 전 수상의 부친은 그녀에게 항상 이런 충고를 했다고 한다. 이미 널리 잘 알려진 이야기지만 다시 한번 살펴볼 필요가 있다.

"생각을 조심해라. 말이 된다.

말을 조심해라. 행동이 된다.

행동을 조심해라. 습관이 된다.

습관을 조심해라. 성격이 된다.

성격을 조심해라. 운명이 된다."

부친의 충고는 거기서 그치지 않는다. 계속 이어지는 부친의 조언에는 이런 말도 있다.

"늘 한결같다고 변하지 않을 것으로 생각하지 마라. 사람의 마음은 한순간이다."

그렇다. 아무리 곧은 마음을 가져도 사람의 마음은 언제든지 변할 수 있다. 올바른 마음가짐과 몸가짐은 공직자뿐 아니라 누구에게나 필요한 덕목이다. 한 번 어쩌다가 뜻하지 않게 비뚤어진 마음을 가지면, 대처전 수상 부친의 말처럼 그것이 습관이 되고, 성격이 되기 마련이다. 한 번 큰 실수를 하면 회복하기 어렵다. 그것이 그 사람의 낙인이 되고 운명을 바꾸기 때문이다.

나는 거의 평생 공무원이었다가 동작구청장이 됐다. 구청장은 선거를 통해 선출되는 정치인이다. 그러면 나도 정치인 체질로 변화해야 하는데 이게 쉽게 바뀌지 않는 것 같다. 더욱이 구청장은 동작구의 모든 행정을 맡고 책임지기 때문에 하는 일은 공무원과 다름없다. 그래서 반은 정치인, 반은 공무원 같은 느낌이지만 공무원으로서의 구청장에 더 충실하고 싶은 것이 내 초심이다. 나는 그런 초심을 지키며 자신을 과시하거나 설치기보다 뚝심있게 동작구를 최고의 지자체로 만들고 싶은 욕망이 크다. 정치인 구청장이 되었으니, 내가 36년간 공무원 생활을 통해 생각하고 있던 꿈의 도시를 만들어 보리라!

웅장하고 압도적인 최고 가치 도시, 글로벌 최고 보육·교육 도시, 일자리가 복지인 도시, 청년이 신기술을 마음껏 연구하는 도시, 문화·예술을 언제든 향유할 수 있는 도시, 아프고 병들면 끝까지 책임져 주는 복지 도시, 은퇴가 없는 일하는 도시, 100살까지 기초 연금만 받아도 행복하게 살 수 있는 도시!

뭇사람의 말은 쇠도 녹인다!

나의 목표는 구청장 그 자체가 되려는 것이 아니라, '내가 만일 구청장이 된다면 이러이러한 일들을 꼭 해야지!'였기에 취임 첫날부터 발로 뛰며 현장을 누볐다.

흑석동에 기울어진 전봇대가 있어 많은 사람에게 불안을 주고 있다면 전봇대를 바로 세우고, 상도동에 할머니가 고갯길을 오르다가 쪼그려 앉을 수 있는 자리에는 벤치를 설치하고, 차량 통행에 방해가 되는 전신주는 뽑아 버리는 등 현장에서 하루를 시작하고 하루를 끝내려고 했다.

구청장에 취임한 지 한 달쯤 지났을 때, 서울에 기록적인 수해가 발생했다. 동작구도 엄청난 수해를 입은 피해 지역이 되었다. 나는 즉시 비 폭탄을 맞으며 수해 현장으로 달려가 장화를 신고 현장 정리에 앞장섰다. 피해 복구에도 날밤을 새우며 온 힘을 쏟았다. 수재민들에게는 추석 명절 이전에 서울시에서 가장 먼저 재난지원금도 지급하는 능력을 보여 주었다.

 나는 술과 담배도 안 하고 골프도 안 친다. 주민들을 위해 열심히 뛰고, 낙후된 동작구를 정말 극적으로 새롭게 발전시키는 것에만 최선을 다했다. 그 결과, 구민들 사이에서 "저 사람 정말 추진력도 있고 열심히 일한다."라는 말이 쏟아져 나왔다.

 "저 사람, 공부만 하고, 공무원을 오래 했던 순진한 사람이야. 원래 이곳 사람도 아닌데 여기 와서 동작구가 마치 자기 고향인 것처럼, 살기 좋은 곳으로 바꿔놓으려 애쓰고 있어. 그 모습이 고맙기도 하고 애처로워 보일 지경이야."

 이런 소문이 구민들 사이에서 빠르게 퍼져 갔다. 어찌 보면 여론이 저절로 형성되고 있는 것이었다.

 그러기를 1년쯤 지났을 때 동작구 자체적으로 여론조사를 했는데, 조사 결과 동작구청장을 알고 있다는 답변이 무려 51%가 나왔다. 직원들은 깜짝 놀랐다. 지금까지 그런 경우가 없었다는 것이다. 동작구에 연고도 없는 사람이 구청장 취임 1년 만에 인지도가 50%를 넘은 것은 한 번도 없었던 대단한 일이라며 모두 자기 일처럼 기뻐했다.

 나는 바닥 실무 공무원부터 시작해 고위 공무원까지 36년간의 공직 생활을 한 사람으로 행정 경험은 많지만, 정치인으로서는 아직 초보자다. 그래서인지 여론이나 언론에 집착하지는 않는 편이다. 여론과 언론에 전혀 관심 없고 무심한 것은 아니지만, 내가 개인적 욕심, 즉 아무런 사심 없이 구청장이 되기 전부터 구상했던 동작구의 획기적인 개발과 각종 혁신적인 변화만 수행한다면 자연스럽게 여론이 좋아지고 언론도 스스로 관심을 가질 것으로 판단했다.

나의 예상은 맞았다. 낙후되어 있던 동작구에 눈에 띄게 새로운 변화들이 나타나자 "정말 구청장을 잘 뽑았다."라는 호의적인 여론이 확산했다. 또한 나의 계획들을 실현하는 과정에서 국내 최초, 세계 최초라는 타이틀이 늘어나자, 언론에서도 큰 관심을 가졌다.

그에 따라 국내 주요 언론들이 우리 동작구를 취재하고, 구청장과 주민 의견을 인터뷰하는 경우가 갈수록 늘어났다. 앞으로 동작구는 전 세계가 주목하는 도시로 변화할 것이다. 무형 자산인 한강을 품고, 세계 최고의 명품 주거·교육·문화 도시가 될 미래의 동작구를 상상해 보라!

털어도 먼지 안 날
사람 있냐만

박세리 선수가 양말을 벗고 대회에 우승하면서 전국에 골프 붐이 일었을 때, 나도 국토교통부에서 차츰 지위가 올라가면서 골프를 치기 시작했다. 나는 승부욕이 강한 성격이다 보니 만사를 제쳐 두고, 밤낮 가리지 않으며 죽기 살기로 골프를 연습했다. 그래서 아마추어로는 A급 수준에 올랐다.

그러나 공직사회의 골프 유행이 갖가지 부작용과 후유증을 가져오자, 공직자가 골프 치는 것을 완전히 금지했다. 그 기회에 골프를 끊으며, 금연도 했다. 당연히 지금도 나는 골프, 흡연, 음주를 전혀 하지 않는다.

그리고 선천적으로 나는 물욕이 없는 편이다. 비싼 시계, 명품 등에 관심이 없으며, 남들은 그런 걸 가지면 기쁘다고 하는데 나는 전혀 행복함을 느끼지 못한다. 이상하리만큼 물욕이 적은 성향을 타고 났다고 생각된다.

미국의 100달러 지폐에도 초상이 나와 있는 독립 운동가이자 발명가인 벤저민 플랭클린은 "금전은 끝이 없는 바다와 같은 것이다. 양심도 명예도 빠져서 떠오르지 않는다."라고 했다. 지난 4월, 프란치스코 교황이 선종했다. 어려서 유아 세례를 받은 가톨릭 신자인 나도 처음으로 누군가를 상실했다는 슬픔을 느꼈다. 그가 남겨 놓은 재산은 불과 100달러였다고 한다. 물론 보통 사람들이 그렇게 살기는 어렵지만 공직자가 재물을 탐내서는 안 된다는 것은 상식이다. 그러자면 과감하게 특권 의식을 버리고 겸손해야 한다.

 무려 18년 동안이나 독일 총리를 역임했던 메르켈(Angela Merkel) 총리는 동독 출신의 물리학자였다. 나도 구청장을 해 보니, 18년 동안 정치인 기관장을 한다면 동작을, 서울을 최고의 도시로 만들 수 있겠다는 생각을 해 보지만, 어쨌든 그녀는 총리로 있는 동안, 어떠한 청탁도 들어주지 않았고 비리도 없었다고 한다. 자신의 어떤 친척도 특혜를 주거나 높은 직위에 임명하지 않았다. 또 그녀는 부동산도 없었고 개인 승용차도 없었다.
 그녀는 퇴근 후에 장바구니를 들고 쇼핑센터로 가서 저녁거리를 스스로 구매했다. 총리로 재직하는 동안, 거의 옷을 갈아입지 않고 항상 같은 옷을 입었다. 그래서 기자회견에서 어느 기자가 그녀에게 물었다.

"저희는 총리께서 항상 같은 옷을 입는 것에 주목하고 있는데 다른 옷은 없나요?"

그러자 메르켈 총리가 대답했다.

"나는 모델이 아니라 공무원입니다."

그녀가 퇴임할 때는 어떠한 예식도 없는 소박하고 검소한 퇴임식이었다. 다만 참석자 모두 일어서서 그녀를 존경하는 뜻으로 무려 6분 동안이나 박수를 쳤다. 아직 유례가 없는 일이라고 한다. 그녀는 다른 시민들과 함께 서민 아파트에 살았다. 총리가 되기 전에도 그 아파트에 살았고 퇴임 후에도 살았다. 정원도 없고 시중 드는 집사도 없었다. 어느 기자회견에서 기자가 메르켈 총리에게 물었다.

"총리께서 집에서는 직접 음식을 준비하고 청소도 한다는데 혹시 도우미는 없습니까?"

"도우미는 없고, 필요하지도 않습니다. 남편과 나는 매일 집안일을 나눠서 합니다."

다른 기자가 계속해서 물었다.

"옷 세탁은 누가 합니까?"

"나는 옷을 손질하고 남편이 세탁기를 돌립니다. 이 일은 전기료가 무료인 밤에 합니다. 그리고 중요한 것은 세탁기 소음 때문에 옆집에 피해가 가지 않도록 조심하는 것입니다."

그녀는 자신이 죽었을 때 비문에 '겸손과 품위'를 묘비명으로 써 주기를 원했다.

미국 대통령이었던 링컨은 이렇게 말했다.

"사람의 성품은 역경을 이겨낼 때가 아니라 권력, 그 힘을 줬을 때 가장 잘 드러난다."

옛 중국 청나라의 빼어난 황제로 청나라의 전성기를 이끌었던 강희제(康熙帝)는 "인재를 논할 때는 반드시 덕(德)을 기준으로 삼아야 한다. 짐은 사람을 볼 때 반드시 심보를 먼저 보고, 그 다음 학식을 본다. 심보가 선량하지 않으면 학식과 재능이 무슨 소용이 있겠는가."라고 말했다고 한다. '심보'란 마음을 쓰는 속바탕으로, 영어로 말하면 'mind'와 같은 뜻이다.

소설가 윤흥길의 <완장>이라는 널리 알려진 작품이 있다. 특권의식을 풍자한 소설인데, 어느 시골에서 주민들로부터 비웃음과 조롱을 받던 건달이 어쩌다 저수지 관리인이 돼서 완장을 차고 우쭐대며 으스대는 꼴불견을 그린 작품이다. 특권을 얻어 속된 말로 꼴값 떠는 것을 완장질이라고도 한다. 직위나 지위가 사람을 바꿔 놓는데, 자기 분수에 맞지 않는 자리를 차지할 때 특권의식을 갖는다.

 자신이 특권의식을 가지려면 더 높은 지위의 인사들에게 잘 보여야 한다. 그래서 더 높은 자리에 있는 사람의 눈치를 살피고 비위를 맞추려고 한다. 하지만 반대로 임금의 독선과 횡포가 심할 때 "그러면 아니 되옵니다."하고 임금에게 목숨 걸고 직언하는 충신들도 있었다. 충신들이 많아야 올바르지 못한 임금도 성군(聖君)이 되고, 백성들의 삶도 편안해진다.

 공무원은 스스로 국민의 공복이나 민중의 지팡이라고 한다. 오직 공익을 위해 봉사한다는 자부심이 어깨를 펴게 할 뿐이다. 공무원은 항상 국민을 배려하며, 아무리 털어도 먼지 한 톨 없고, 하늘을 우러러 한 점 부끄러움이 없는 삶을 지향하는 가치관이 필요하다는 생각이다. 털어서 먼지 안 나는 사람이 있겠냐마는 적어도 나는 그렇게 살려고 노력했고, 그렇게 살아왔다.

꿈은 이루려고
꾸는 거지

　우리 인간에게는 꿈과 인생 목표가 있고, 어쩔 수 없이 밀려오는 운명이라는 것도 있다. 나 역시 청소년 시절, 꿈도 있었으며 장래 희망도 있었지만 뜻하지 않은 운명도 있었다.

　나는 강원도 정선군 함백(咸白)에서 태어났다. 함백은 석탄 광산인 함백탄광으로 한때 잘 알려진 곳이다. 내 부친도 이 탄광에서 일하셨다. 이때에는 가정 형편도 괜찮았는데, 그 당시 탄광에서 일하는 사람들은 비교적 잘 살았다. 이곳에서 유치원까지 다녔으나 부친이 탄광을 그만두고 나서 가정형편이 점점 기울기 시작했다.
　어쩔 수 없이 우리 가족은 충북 제천으로 이사했다. 강원도에서 충청북도로 멀리 이사한 것 같지만 사실 그다지 먼 곳이 아니었으며 같은 생활권이기도 했다. 더구나 당시는 교통수단이 변변치 않아 정선에서는 기차가 대중교통 수단이었는데, 함백에도 함백역과 예미역이 있었다. 기차를 이용하면 모든 노선이 제천을 통과한다. 우리 가족이 있을 만한 도시도 역시 가까운 제천이었다. 하지만 제천에서는 육성회비조차 내지 못해 고등학교도 다니지 못할 지경으로 가정형편이 어려워졌다. 학업 성적은 괜찮은 편이었지만 전액 장학금을 받을 만큼의 대입 성적을 거두지는 못했다. 가정 형편상 등록금을 내며 다니는 건 감히 엄두도 낼 수 없었다. 그래도 나는 포기하지 않고 서울로 올라왔다.

서울로 올라오긴 했지만 마땅히 갈 곳이 없었는데, 마침 신문보급소에 취직이 되어 숙식을 해결할 수 있었다. 낮에는 신문을 배달하고 밤에는 노량진 재수학원에서 나름대로 열심히 공부한 결과, 전액 국비 지원으로 학비가 한푼도 들지 않는 철도대학에 지원했다. 졸업하자마자 철도청 공무원에 임용되었는데, 처음 발령이 난 곳은 단 한 번도 가본 적이 없는 머나먼 부산지방철도청이었다.

그래도 명색이 철도대를 나왔는데, 사무직이 아니라 선로반에 배정되어 철길 옆 기차 오물이 튀는 곳에서 식사해 가며 곡괭이질, 삽질로 온종일 땀을 흘려야만 했다. 사실 막노동이었으며 철도공무원이라기보다는 그냥 막노동꾼 느낌이었다. 그나마 직업이 확실한 공무원이어서 셋방 방세를 후급으로 내는 데 도움은 되었다.

그런데 시간이 지날수록 아무리 생각해도 이렇게 살 수는 없었다. 공짜로 철도대학을 다녔는데, 그 때문에 앞으로의 진로를 잘못 선택한 것 같았다. 그 당시 컴퓨터가 8비트에서 16비트로 바뀌고 있었기에 나는 컴퓨터를 배워야 한다는 생각으로 정보처리기사 자격증에 도전했다. 자격증을 따고 나니 다시 컴퓨터 디자인에 대한 열망으로 가득 찼다. 철도보다는 컴퓨터 디자인이 훨씬 더 비전이 보인다고 생각했다. 서울역 앞 멋진 건물에 아트센터가 있었다. 바로 아트센터 면접을 봤으며, 기분 좋게 합격할 수 있을 것 같았다. 드디어 내가 바라던 '컴퓨터 디자이너가 되는구나.' 하며 철도공무원을 그만두려고 했다. 그런데 예상하지 못했던 상황이 벌어졌다.

부산지방철도청에서 함께 근무하던 상관인 정대유라는 분이 서울로 발령나면서 같이 일하자며 부산에 있는 나를 부른 것이다. 함께 근무하면서 나를 좋게 보았다고 했다. 그 덕분에 철도청 설계사무소로 발령이 났다. 설계사무소는 철도청 직할 부서였다. 아트센터나 설계사무소 모두 서울에 있었다. 아트센터는 언제든지 갈 수 있지만 설계사무소는 뜻하지 않았던 좋은 기회였다. 잠시 망설이다가 철도청 설계사무소를 선택했다.

설계사무소에 가자마자 7급 자리가 비어 있어 바로 승진했다. 그러나 사람의 욕망은 끝이 없는지 남들보다 빨리 6급이 되고, 그다음 단계인 사무관이 된다고 하더라도 내 야망을 이룰 비전이 보이지 않았다. 기술직 공무원이다 보니 미군 공병단에서 일하면 어떨까 싶었다. 노무계획, 재무계획을 세우고 인력을 투입해서 도시건설을 내 손으로 직접 시공해 보고 싶어졌다. 마침 미국 하와이에 있는, 한국인이 창업한 건설사가 사람을 구한다고 해서 기술사를 취득하자마자 주저 없이 면접을 본 후, 철도청을 그만두고 이 회사에서 꿈을 이루려고 했다.

한 걸음 한 걸음이
멀리 간다

사람에게는 운(運)도 있고 운명도 있는 것일까? 미국 건설사로의 이직의 꿈에 부풀어 있던 시기에 나에게 갑자기 생각지도 못했던 사무관 시험을 보라고 연락이 왔다. 당시에는 사무관이 되려면 시험을 거쳐야 했는데, 사무관 시험을 봐야 할 누군가가 갑자기 질환이 생겨 응시할 수 없게 되었다는 것이다.

사실 그해 사무관 시험 응시 자격이 있는 직원들은 공부하느라고 연초부터 거의 출근을 하지 않았던 터라, 우리 부서에서 책임감 있게 일하며 정신없이 이리 뛰고 저리 뛰는 나에게 당시 조영갑 본부장님께서 최고의 근무 평가를 해 주다 보니, 갑자기 사무관 시험에 응시할 자격이 생긴 것이다.

그것이 그해 9월 24일이었는데 사무관 시험은 11월 1일이었다. 시험 준비 기간이 불과 한 달 반쯤밖에 남지 않은 상황에서 나는 시험과목조차 제대로 알지 못했다. 다행히 기술사 공부는 꾸준히 해 왔기에 전공과목은 크게 당황하지 않았으나 그동안 손을 놓고 있었던 물리, 행정

법도 시험 과목에 포함되어 있었다. 나는 재수했던 노량진 학원으로 돌아가 한 달 반 정도 공부했고, 운이 좋았는지 합격했다.

사무관은 공무원의 꽃이라고 말한다. 사무관이 되려고 과외를 받고, 몇 년씩 죽도록 공부해도 합격하기 쉽지 않았다. 따라서 당시에는 40대, 50대가 되어서야 겨우 사무관이 될 수 있었는데 나는 행운이 겹쳐 30대에 된 것이었다. 자연스럽게 미국 건설사로의 전직을 포기했다.

철도가 어쩔 수 없는 내 운명이라는 생각이 들었다. 돌이켜 보면, 몇 번이나 그만두려고 했으나 그때마다 뜻하지 않게 발목이 잡혀 눌러앉았고 마침내 남보다 빠른 나이에 철도청 최연소 기술직 사무관 타이틀까지 달았으니 이대로라면 철도청장도 할 수 있겠다 싶었다.

공무원 임용 초기, 철길에 나가 곡괭이질하고 삽질했던 것도 사무직에는 자리가 없었기에 나온 어쩔 수 없는 조치였고, 철도 전문가가 되기 위한 수련이었던 것 같았다. 뛰어난 검객이 되려면 스승 밑에서 온갖 잡일을 하면서 쉴 새 없이 칼을 갈고 다듬어야 하듯이 철도공무원으로서 밑바닥부터 현장 체험을 한 것이다. 더욱이 부산에서 보낸 5년여의 생활은 우리나라 항만·공항 물류와 남해안 관광벨트에 대한 안목을 키워준 매우 소중한 경험이었다.

그런데 2003년, 철도청에 구조개혁·조직개편이 있었다. 철도청에서 한국철도시설공단으로 분리되고, 2004년에는 한국철도공사로 분리됐다. 그에 따라 나는 중앙부처인 당시 건설교통부 철도국으로 전직이 됐다.

중앙부처로 오게 된 것이 무척 다행스러웠다. 중앙부처의 사무관이면 국가나 부처의 정책 수립과 법률 제정에도 참여하기 때문에 새로운 역할에 대한 기대감이 컸다. 하지만 나의 예상은 여지없이 빗나갔다. 철도청에서는 내가 기술직 최연소 사무관이었지만 건설교통부에는 나보다 어린 고시(考試) 사무관이 즐비했다. 내가 발을 붙이고 능력을 발휘할 수 있는 여건이 아니었다.

나는 공부를 더 해서 전문성을 높이기로 결심했다. 그리하여 서울산업대학교 토목공학과에 편입해서 학사학위를 따고, 다시 같은 대학 철도전문대학원에서 철도건설공학으로 석사학위를 취득했다. 또한 교명이 서울과학기술대학으로 바뀐, 같은 대학에서 결국 박사학위까지 취득했다. 그리고 토목시공기술사, 철도기술사, 건설사업관리 전문가의 자격까지 취득하면서 누구나 인정하는 소위 전문가가 되었다.

그 무렵, 부처의 명칭이 자주 바뀌면서 건설교통부, 국토해양부, 국토교통부 등이 되었지만, 나는 국토부와 관련된 다양한 업무를 수행하며 해당 업무에 최선을 다했다. 그와 함께 누구 못지않은 실적을 쌓았으며 매우 긍정적인 평가를 받았다.

그리하여 순조롭게 공직 생활을 이어가면서 중앙부처 요직들을 두루 거치고 경기도청에 파견근무, 건설 국장까지 역임했다. 공무원으로서 사무관 11년, 서기관 9년, 부이사관 3년을 역임하며 고위공무원 승진을 앞두고 있던 참이었으나, 어느덧 공무원 생활을 마감하는 정년퇴직이 가까워지고 있는 것이기도 했다. 나의 마지막 직책은 2021년 8월, 국토교통부 원주지방국토관리청의 청장이었다.

이제 정말 정년퇴직이 2년밖에 남지 않았다. 공무원이 공직 생활을 끝내는 방법은 두 가지밖에 없다. 하나는 정년퇴직, 또 하나는 명예퇴직이다. 공무원이 되면 특별한 결격사유가 없는 한 정년이 보장된다. 그만큼 안정적인 직업이다. 그래서 한때는 청소년의 장래 희망 1위가 공무원이었다. 그러나 고위직 공무원의 경우 정년이 가까워지면 은근한 압박을 받는다. 나 역시 그러한 압박으로부터 예외가 될 수 없었다.

"청장님, 후배들을 위해 언제쯤 용퇴하실 건가요?"

정년이 2년밖에 남지 않은 나에게 인사과의 압박은 무척 부담스러웠지만 후배들의 승진을 위해 이제 그만 용퇴하라는 말도 어느 정도 이해는 되는 상황이었다. 공무원이 어떤 뛰어난 성과를 올렸는지는 상관하지 않고, 그저 나이가 들어 정년을 앞두고 있으면 후배들의 승진을 위해 빨리 그만두는 것이 미덕이자 공무원 사회의 관행이었기 때문이다.

갖가지 생각으로 잠을 이룰 수가 없었다. 지금은 장수 시대다. 한국인의 평균수명이 약 83세, 남성의 기대수명은 80세, 여성은 85세다. 정년퇴직을 하더라도 여생을 한참 더 살아야 한다. 퇴직을 하면 무엇을 하며, 어떻게 여생을 보낼 것인가 하는 장래를 심각하게 고민하지 않을 수 없었다.

그에 앞서 나는 우선 지방 전출 근무를 마치고 국토교통부로 복귀해서 명예롭게 퇴직하고 싶었다. 그런데 하필 그때 뜻밖의 일이 벌어졌다.

우연이 겹치면
운명이다

경기도청 건설 국장으로 전출 근무를 마치고 국토교통부로 복귀하였으나, 나이 먹은 힘없는 공무원인지라 발령을 내주지 않아 대기하고 있을 때였다. 그때 전혀 뜻하지 않았던 일이 발생했다.

내 큰딸은 강원도 횡성에 직장이 있었다. 큰딸이 월요일에 출근하려면 일요일 저녁 서울역에서 KTX를 타고 횡성으로 가야 했다. 나는 늘 그랬듯이 그날도 승용차로 큰딸을 영등포역까지 데려다 주려고 운전하고 있었다.

영등포 타임스퀘어 앞, 영등포역 방향 삼거리에는 교통섬이 그려져 있어 차량이 주정차하지 않기 때문에 평상시 영등포 로터리 방향에서 오는 차들을 쉽게 발견할 수 있었다. 따라서 교통사고가 잘 발생하지 않는 지점인데 이날은 어찌 된 일인지, 교통섬 자리에 전세버스가 정차해 있었다. 그 때문에 로터리 방향에서 오는 차량을 쉽게 식별하기가 어려웠다. 그래도 오랜 운전 경력으로 좌측에 차량이 없는 것을 확인하고 우회전했다.

"쾅!"

그런데 갑자기 나타난 차량과 충돌하고 말았다. 교통사고였다. 내 차와 충돌한 차량은 하필 외제 고급 승용차 '포르쉐'였다. 이미 10년이나 된 내 승용차 '소나타'를 보고 포르쉐 운전자는 우월감이 생겼는지 "운전 똑바로 해!", "그렇게 갑자기 진입하면 어떡해?", "당신, 선생님처럼 생겼는데 이게 뭐 하는 짓이오?"라며 길길이 날뛰면서 마구 고함을 지르기 시작했다.

나는 직업 특성 때문인지 교통섬에 정차하고 있던 전세버스의 운전자 유무부터 확인하며 왜 여기에 정차해 있었는지 의문이 들었다. 버스만 없었어도 절대로 일어나지 않을 사고였다. 그렇다면 이 사고는 전세버스 운전자의 문제일까? 아니다. 경찰 또는 지자체에서 교통섬에 차선 규제봉만 설치했어도 버스는 교통섬에 정차할 수 없었고, 그러면 사고는 애초에 일어나지도 않았을 것이다.

나는 이렇게 판단하고 경찰서로 향했다. 사고에 대해 사실대로 진술하고 보험처리를 하되, 담당자에게 다시는 이런 사고가 일어나지 않도록 교통섬에 차량이 주정차하지 못하게 차선 규제봉을 설치하자고 요청했다.

그러나 담당 경찰의 반응은 차가웠다.

"본인이 운전을 잘해야지, 왜 교통시설을 탓합니까?"

"교통시설을 탓하는 게 아닙니다. 사고 예방 차원에서……."

"신분이 공무원이신데, 그렇게 억울하면 소송을 하시든지 해야죠."

내 말은 듣지도 않고 직장에 교통사고를 통보해야 하니까 조서나 작성하라고 했다. 가뜩이나 발령을 6개월이나 기다리고 있는 상황인데 어처구니가 없었다.

별 탈 없이 평생 공무원을 하다가 정년퇴직하려면 항상 행동에 조심해야 한다. 어쩌다가 뚜렷한 과실이나 법적 처벌을 받게 되면 진급하고 승진하는 데 크게 불이익을 당한다. 그래서 공무원들은 되도록 일을 벌이려 하지 않으려 하는데, 이 때문에 복지부동, 무사안일, 보신주의 등의 비난을 자주 받기도 한다.

이유가 어떠하든 나의 교통사고는 최악이었다. '부이사관이 된 지 3년이 넘어가면서 진급도 해야 하고 명예롭게 은퇴도 해야 하는데 이제 틀렸구나' 하는 절망감이 밀려 왔다. 그와 함께 불현듯 이런저런 생각들이 꼬리에 꼬리를 물고 생겨났다.

'저런 교통섬에 선제적으로 차선 규제봉을 설치해 버스가 불법으로 주차하지 못하도록 지자체와 경찰서는 적극 행정을 해야 하는데 우리나라는 왜 이 모양일까?'

'평생 열심히 직장에 다니다가 은퇴하는 사람의 퇴직 후를 돌보는 정책은 없는 걸까?'

'은퇴하면 60세가 넘은 나이에 혼자 자기 힘으로 살아가야 하는데 생계급여, 의료급여를 받아야 할 정도로 몸이 망가져야 국가의 도움을 받을 수 있는 것인가?'

'그렇다면 몸이 망가지기 전까지 무엇을 하며, 어떻게 버텨야 하나?'

'싱가포르에는 중산층 사람들도 매월 15만 원 정도면 삼시 세끼는 물론, 청소까지 해 주는 실버타운이 있다는데 우리나라는 왜 100세 시대에 대한 노력이 없을까?'

나에게도 곧 닥쳐올 당면 과제였다. 그런 생각으로 마음이 착잡했다. 무엇보다 36년간 공무원으로 일하며 고위공무원까지 올랐지만, 퇴직을 앞두고 이런 현실을 마주하니 더 이상 내 역할은 없을 것 같아 허무함이 크게 밀려 왔다.

뜻하지 않았던 욕망

"박일하 청장!"

2021년 8월, 당시 국토교통부 차관이셨던 황성규 차관님의 도움을 받아 정말 극적으로 국토교통부 원주지방국토관리청장 발령이 났다. 그분께 감사를 드리지 않을 수 없다. 정말 훌륭한 인품을 지니신 분이었다. 그리고 한 달쯤 뒤, 지인 몇 명과 저녁 식사 자리가 있었는데 이런저런 대화를 이어가다가 자연스럽게 정치 이야기가 나왔다. 내년, 그러니까 2022년에 대통령 선거와 전국동시지방선거가 있었기 때문이다.

"청장님, 청장님 같은 사람이 구청장이 되면 좋을 텐데요?"

내가 지금 청장인데, 구청장은 또 무엇인가? 구청장이라는 말이 무척 낯설고, 당황스러웠다.

"구청장? 그게 무슨 소리입니까?"

"벌써 10월인데 내년 지방선거에 서울 동작구 구청장 후보가 딱히 없다고 합니다. 청장님 같은 개발 쪽 전문 행정가가 구청장이 되면 동작구도 크게 발전할 텐데……."

"구청장은 어떻게 되는 건가요?"

마침 우리가 만난 식당의 위치가 동작구여서 동작구 이야기가 나왔는지 모르겠지만, 나는 그냥 건성으로 되물었다.

"글쎄요. 그건 저희도 잘 모르겠어요."

사실 나도 구청장이 무슨 일을 하는지 정확히 몰랐다. 다만 지방선거에서 주민들이 선거를 통해 뽑는 선출직이니, 공무원처럼 임명직이 아니라 정치인이라는 정도만 알고 있었다. 그러고 보니 정치? 나는 평생 공무원으로 살아왔을 뿐, 지금까지 단 한 번도 정치에 관심을 가져 본 적이 없었다.

공무원을 30년 넘게 한 사람이 어떻게 정치를 그렇게 모를 수가 있느냐고 의아해 하는 사람들도 있겠지만, 공무원은 정치적 중립을 지키면서 자신의 직무와 본분에만 충실하면 그만이었다. 물론 중앙부처 고위 공무원이 되는 경우 입법 기관인 국회를 상대해야 하기는 하지만, 대통령이 '국민의힘'이 되든, '더불어민주당'이 되든, 무슨 당에서 대통령이 나오든, 그 정당이 지향하는 방향에 맞춰 정책을 수립하고 실행하면 무난한 것이 공무원이었다.

구청장이 무엇인지 잘 몰랐던 것처럼, 동작구에 대해서도 잘 모르기는 마찬가지였다. 나는 1982년, 제천에서 고등학교를 졸업한 후 서울로 올라와 노량진 재수학원에서 1년 동안 공부하고, 이후 사무관 시험 공부도 노량진에서 했으면서 그곳이 동작구인지도 몰랐다. 또한 40년 동안 오고 가며 무수히 동작구를 스쳐 지나갔지만, 그 지역이 무슨 구(區)인지는 구별하지 못했다.

그런데 집으로 돌아가는 길, 저녁 식사 자리에서 나온 동작구청장 이야기가 머리에서 사라지지 않고 자꾸 맴돌았다. 더욱이 내가 교통사고를 내고, 은퇴 후에 대해 생각했던 것들, 은퇴자들의 복지에 대해 생각했던 것들이 머릿속에서 좀처럼 지워지지 않았다.

그래서 혼자 조용히 서울 동작구를 살펴보기 시작했다. 하지만 동작구를 살펴볼수록 마음이 심란했다. 서울이라는 대도시 거의 한복판에 있는 지역인데 이럴 수가? 아직도 7080에 머물러 있는 것이었다. 특히 노량진 본동과 사당동의 모습은 도무지 믿어지지 않았다.

바로 앞에 여의도, 용산, 광화문, 서초, 강남 등 가장 개발이 잘 이루어진 지역들이 즐비한데 동작구만 여전히 70~80년대에 머물러 있는 것이 신기할 지경이었다. 나에게 내재한 개발 본능이 꿈틀거렸다. 이런 곳을 세계적인 명소로 개발하면 얼마나 좋을까? 도대체 왜 개발을 못 하는 걸까?

뜻하지 않았던 욕망이 자꾸만 나의 가슴을 흔들었다. 내가 동작구청장이 돼서 직접 멋있게 개발해 보고 싶어졌다. 2000년 전 로마의 철학자인 루시우스 세네카가 말하지 않았던가! '행운은 준비가 기회를 만났을 때 일어나는 것'이라고……. 할수만 있다면 내 평생, 내 일생을 바쳐 배우고 익힌 독특한 배경과 경험을 토대로, 천부적으로 타고난 디벨로퍼(developer)의 기질을 바로 이곳, 동작에서 발휘해 보고 싶었다.

반드시 동작을 세계 최고 수준의 도시로 만들어 내리라! 어차피 인생은 리허설도 없고 재공연도 없으니 말이다.

정치하면
어떨까요?

내 나름으로 열심히 동작구의 현황을 살펴보고 안타까움과 함께 혁신적으로 개발하고 싶은 의욕이 솟구쳤지만, 동작구청장이 되겠다는 결심을 굳힌 것은 아니었다. 나는 정치 문외한으로 구청장이 되려면 무엇을 해야 하고, 어떤 절차를 거쳐야 하는지조차 전혀 몰랐기 때문이다.

그러는 사이, 어김없이 국토교통부 인사과에서는 내가 빨리 은퇴하기를 은근히 재촉했다. 내가 은퇴해야만 T/O가 생겨, 아래 공무원들이 줄줄이 승진할 수 있으니까 하루빨리 다짐을 받으려고 했다. 나는 연말까지 그만두겠다고 대답했다.

일찍 그만두리라 생각은 했지만, 평생 국민을 위해 법, 지침 등을 만들고 다른 사람들 돕는 일을 해 왔는데, 공무원 생활에 아무런 후회도 없을 만큼 열심히 일했는데…… 막상 은퇴를 생각하니까 온갖 걱정들이 밀려 왔다. 내가 고위공무원이니까 재산을 많이 모았다고 생각할지 모르지만, 가진 것은 달랑 대출 낀 집 한 채뿐이었다. 더구나 나는 연로하신 부친을 모시고 살고 있었다. 은퇴하고 나서도 부친을 비롯한 가족들의 생계를 책임져야 하는데 그 대책이 걱정거리였다.

 강원도에는 18개 시군(市郡)이 있다. 나는 원주지방국토관리청 청장으로서 부임 인사차 18개 시장, 군수들을 모두 만났다. 그분들은 기관장이었다. 나도 기관장이기는 하지만 국토교통부 장관의 참모 신분이어서 차이가 있었다. 그분들과 간담회를 했는데, 한결같이 자부심이 대단했다. 대다수가 자신의 성공담, 무용담, 경험담 등을 들려주기에 바빴다. 그 과정에서 양양군수가 양양군의 동해안 해변에는 약 47개의 호텔이 개발 중인데 군청이 그 허가권을 가지고 있다고 했다. 그것이 군의 재원 조달에 큰 도움이 된다고도 했다. 양양은 인구가 약 3만 명밖에 되지 않는데 그만한 권한이 있다니? 그들의 이야기를 들으면서 시장, 군수에게는 지역을 발전시킬 권한이 있다고 느껴졌다.

 지자체장은 대통령, 장관, 국회의원과 달리 주민에게 직접적인 영향을 미칠 수 있는 막강한 자리라는 것을 처음 알았다. 원주지방국토관리청장이 되기 전, 경기도에서 근무할 당시 도지사였던 이재명 지사를 지켜보며 지자체 단체장의 힘(?)을 느끼기도 했고, 내가 도지사를 하면 더 잘할 수 있겠다는 생각을 하긴 했어도, 이번처럼 좀 더 확실하게 내가 구청장이 되면 남들보다 자치 행정을 더 잘할 수 있을 것 같다는 마음이 든 것은 처음이었다. 동작구청장을 해 보고 싶다는 의욕이 굳어졌다.

양심을 가진 자에게 관직은

위엄보다도 한층 무거운 짐이다.

탈무드

PART 2

구청장은 어떻게 되는 거죠?

정치도 모르는 사람이
말도 안 되는 도전을?

마침내 동작구청장 출마에 도전하기로 결심했다. 평생 공무원이었던 내가 별 관심도 없었고, 잘 알지도 못하는 정치판에 뛰어들어 정치인이 되기로 한 것이다.

나는 정치 구조나 생리를 잘 알지 못했다. 당연히 소속 정당도 없었다. 지방선거에 출마하려면 무소속보다 정당이 있어야 조직적인 지원과 후원을 받을 수 있다는 것쯤은 상식적으로 알고 있었다. 강원도 양양군 같으면 인구가 3만 명 정도니까 그곳에 오래 살다 보면 대개의 주민과 안면이 있을 수 있기에, 당선될 수도 있을 것이다. 하지만 서울은 다르다. 소속 정당이 있어야 절대적으로 유리하다.

정치 자체를 잘 모를 뿐 아니라 아는 정치인이 거의 없을 만큼 인맥도 없었고, 아무런 기반도 없었다. 다만 당시 야당이었던 '국민의힘'에 동작구청장 후보가 마땅히 없다는 이야기를 들었을 뿐이다. 공식적으로 출마를 하려면 어떻게 해야 하는지, 선거운동은 어떻게 해야 하는지 등 그 무엇 하나 제대로 알지 못했다. 그래서 나는 되도록 많은 사람을 만나서 자문을 얻기로 했다.

먼저 평소 정치인들과 인맥이 두터운, 알고 지내던 대학교수 한 분을 만났다. 그분은 만나자마자 훈계부터 시작했다. 정치에 대해 아무것도 모르면서 왜 정치인이 되려고 하느냐며 꾸중했다.

"동작구청장이 되면 도시 개발을 통해 노후된 동작구를 완전히 바꾸어 놓는 등 할 일도 많고, 잘할 자신도 있습니다."

나는 자신있게 말했다.

"선출직은 선거를 해야 하는데 그건 아무나 할 수 없어요. 일반 공무원은 절대적으로 불리합니다. 장관, 차관 같은 고위공무원 출신들은 자신이 유명하니까 선거에서 이길 수 있을 것 같다고 생각하겠지만 선거는 정당에서 활동하던 구의원, 시의원, 도의원 출신인 사람들이 유리해요. 국토부 고위공무원이라고 되는 게 아닙니다."

대부분의 사람들도 비슷한 반응이었다.

"당신, 구청장 나가봤자 떨어져!"

솔직히 출마해서 떨어져도 나는 밑져야 본전이었다. 크게 손해 볼 일도 없었다. 계속해서 정치에 대해 잘 아는 사람들을 만나다 보니 구청장 선거에 출마하려면 정당의 책임당원들이 투표해서 1위를 해야 최종 후보가 된다는 것도 알았으며, 현재 '국민의힘'에서도 두세 사람 정도가 출마를 준비하고 있다는 것도 알게 되었다. 자문을 해 주는 분들은 정치판의 생리도 모르면서 출마하겠다는 것을 의아하게 여기며 고개를 흔들었다.

이 무렵, '국민의힘'에서는 윤석열이라는 새로운 인물이 등장해 많이 부각하고 있었으나 당시 당대표였던 이준석 대표가 당무를 거부하고 부산을 내려가는 등 당 내분으로 인기는 여전히 바닥을 헤매고 있었다.

나는 구청장 후보가 경선을 통해 선출된다는 것을 알고, 동작구의 동작갑, 동작을 두 개 지역구의 당협위원장을 만나려 했다. 당시는 책임당원, 당협위원장 이런 용어도 익숙지 않았다. 그렇게 어렵사리 당협위원장 두 분을 만나는 것까지는 성공했지만…….

가장 중요한 건 구청장 경선에서 이기는 것이었다. 내가 이길 수 있을까? 사실 막막했다. 그리고 경선에서 이긴들 '국민의힘' 인기가 바닥을 헤매고 있는데 이 당의 구청장 후보로 민주당 구청장 후보를 이길 수 있을까? 더욱이 동작구는 민주당이 12년 동안 집권한 곳인데 어떻게 해야 이길 수 있단 말인가?

정치 초보가
구청장에 출마하다

　구청장 후보로 나서려면 '국민의힘' 입당 절차도 거쳐야 하고, 거주지도 동작구로 옮겨야 하는 등 해야 할 일이 많았다. 특히 원주지방국토관리청을 그만둬야 하는데 뜻하지 않던 걸림돌이 생겼다. 그토록 내가 사임하기를 원했던 국토교통부에서 느닷없이 그 자리에 더 있으라는 것이었다. 그래서 연말에 그만두지 못하고 선거 해인 2022년 1월이 되었다. 그때 노형욱 전 국토교통부 장관이 강원도를 순시하면서 우리 원주지방국토관리청도 방문했다. 나는 청장으로서 장관을 맞이하고 브리핑을 했다. 그런데 이 분이 나를 무척 마음에 들어 하셨다.

　구청장 후보에 나가려면 한시가 급했다. 직접 장관실을 찾아갔다.

　"제가 사직을 하려고 합니다. 제발 수리해 주시면 고맙겠습니다."

　"아니, 왜요? 왜 그만두려는 거예요?"

　"솔직하게 말씀드리면, 동작구청장에 출마하려고 합니다. 정치적 편향이 있는 것은 아니고 민주당 쪽에는 후보자들이 많지만, '국민의힘'에는 마땅한 후보가 없고, 저도 보수 성향이라 '국민의힘'으로 출마하려고 합니다."

그분은 아주 점잖은 분이었다. 잠시 생각하더니 선뜻 입을 열었다.

"그렇다면……. 그렇게 하세요."

2022년 1월 말, 사표가 수리됐다.

그 후 어쩌다 내가 동작구청장에 출마한다는 소문이 났지만, 후보 경선을 통과하려면 '국민의힘' 당원들의 지지를 얻어야 했다. 그런데 아는 당원은 한 사람도 없으니 어떻게 통과를 할 수 있을까? 하지만 곧 운이 따르는 것 같았다. '국민의힘'에 새롭게 등장한 윤석열 후보가 주목받으며 빠르게 인지도를 늘려 가고 있었다. 한 마디로 윤석열 후보가 인기를 얻어 가는 중이었다. 낙심하던 동작구 '국민의힘' 당원들에게도 활기가 돌았다. 그쯤 지역에서 아주 영향력 있는 분들을 많이 만났다.

"구청장 출마하신다면서요? 국토부 원주지방국토관리청장을 하셨죠? 살펴보니까 커리어도 좋고 스펙도 좋으시고……. 우리 당에 마땅한 후보가 없었는데 만일 나오신다면 적극적으로 돕겠습니다."

"고맙습니다. 하지만 저는 아는 당원이 한 사람도 없어서 걱정입니다."

"너무 걱정하지 마십시오. 우리가 당원을 충분히 확보할 수 있습니다."

빈말이 아니었다. '국민의힘' 구의원 등 당원 확보에 영향력이 있는 분들이 잇따라 나를 찾아와 적극적으로 돕겠다고 했다. 그분들이 내세운 지지표만 확보하면 경선을 해볼 수 있을 것 같았다.

와중에 반가운 소식이 또 있었다. 사촌누님 아들이 있는데 서청원 전 의원의 보좌관만 30년 넘게 했다. 서청원 의원은 8선을 지낸 최다선 국회의원이다. 그 조카가 화성에 살고 있는 줄 알았는데 동작구에 살고 있다는 것이다. 서청원 의원이 동작구 국회의원을 하는 동안, 조카도 동작구 청년들의 주거 문제나 기타 지역 현안들을 제대로 인식하고 있어서 조카에게 부탁하면 도움을 받을 수 있을 것 같았다.

나는 국토부 청장을 사직하자마자 동작구 상도동에 원룸을 마련했는데 환경이 매우 열악해서 거주하는 데 불편이 따랐다. 주로 대학생들이 살던 곳이라 우리 청년들이 얼마나 열악한 환경에서 고생하고 있는지 알게 되었다. 구청장이 되면 이 나라 청년들을 위한 정책을 마음껏 펼쳐보리라!

그 사이 어느새 '국민의힘' 구청장 후보도 7명이나 되었다. 그들과 경쟁해야 하는 시점에 또 한 차례 운이 따랐다. 2022년 3월, 제20대 대통령 선거가 있었는데 '국민의힘'에서는 윤석열이 대통령 후보였다. 한창

인기가 가파르게 올라가고 있으니 동작구청장 경선 후보인 나도 당장 대통령 선거운동에 참여하라고 했다. 나에겐 윤석열 후보 선거대책본부 '국토교통 특보'라는 직책이 주어졌다.

그때 난생 처음 선거운동을 하게 됐다. 새벽부터 지하철역 앞에 나가서 피켓을 들고 '윤석열!'을 외치며 드나드는 사람들에게 정중히 인사하는 일이었다. 지하철 숭실대입구역 2번 출구 앞에 서 있었는데 도무지 익숙하지 않은 일이라 어색했고 창피스럽기까지 했다. 쉬운 말로 쪽팔리는 것 같았다. 그렇지만 동작구민에게 내 얼굴을 알릴 기회가 됐으며 많은 사람과 자연스럽게 소통할 수 있었다.

선거 결과는 윤석열 후보가 제20대 대통령에 당선됐고, 정권이 바뀌었다.

여기 동작구 좀 바꿔주세요!

'국민의힘' 동작구청장 경선 후보는 7명, 모두 쟁쟁한 분들이었다. 동작구에서 오랫동안 살아온 70세가 넘은 연장자도 있었고, 관록 있는 정치인도 있었다. 모두들 동작구에 연고도 없고 선거 경험도 없는 내가 해보나 마나 떨어질 것이라고 은근히 조롱하며, 결국 아무개가 될 것이라는 예상도 했다.

그러나 나는 길고 짧은 건 대봐야 안다는 생각으로, 대통령 선거운동 경험을 살려 당원들에게 부지런히 전화도 하고, 되도록 많은 사람을 만나 악수하고 인사하는 등 나름대로 선거운동에 최선을 다했다.

경선 과정에서 1차 컷오프가 있었다. 7명의 후보 가운데 먼저 3명을 추려내는 것이다. 경선 후보자 7명을 세워 놓고 심사위원들이 물었다.

"국토부 원주지방국토관리청장을 하시다가 왜 구청장에 나오셨습니까?"

"많이 뒤처져 있는 동작구에 제가 '국민의힘' 구청장으로서 정말 국민의 힘을 보여 주고 싶습니다. 그럴 자신 있습니다."

"하지만 동작구에는 전혀 연고가 없지 않습니까? 동작구 구의원을 3선, 12년이나 하신 후보도 있고 시의원을 하신 후보도 있는데 연고도 없는 분이 만약에 당선되면 미안하지 않겠어요?"

"맞습니다. 공감합니다. 그분들에게 미안하죠. 하지만 새로운 인물로서 새로운 동작구 발전 계획을 세우고 실천하는 것이 연고보다 중요하다고 봅니다."

나의 의지를 강력하게 어필한 결과, 1차 컷오프에서 3명 안에 들었다. 2차 경선은 단독 후보를 선정하는 것이었는데 역시 내가 압도적 1위로 뽑혀 5월 1일, 동작구청장 국민의힘 단독 후보가 됐다. 제8회 전국동시지방선거일은 6월 1일로 딱 한 달 뒤였다.

내가 후보가 되고 이틀 뒤에 더불어민주당 동작구청장 후보도 결정됐다. 이제 공약도 내세우고 본격적으로 선거운동을 해야 하는데 무엇을, 어디서부터, 어떻게 해야 할지 감이 오지 않아서 우왕좌왕할 수밖에 없었다. 영향력을 가진 여론 형성 매체를 활용하는 수단도, 나를 알리는 방법도 잘 알지 못해 처음에는 방향을 잡기 어려웠다.

유세차도 처음 타보았다. 신기하긴 했지만 적응하는데 시간이 걸렸다.

그래도 나중에는 나 혼자 유세차를 타고 마이크를 들고 돌아다니기도 했다. 연고가 적다 보니 내 유세차에 타서 도와주는 사람이 많지 않았기 때문이다. 당원들도 오세훈 시장 후보 옷을 입고 선거 운동을 하는 사람이 많았고, 박일하 유세 복장을 입어 주신 분들은 두 명 정도에 불과했다. 참으로 어설픈 선거 운동이었다.

그러나 뜻이 있으면 길이 있는 법, 선거 운동을 할수록 구민들의 여론이 긍정적으로 변화하는 것이 보여 용기가 생겼다. 더욱이 윤석열 대통령 당선으로 국민들 사이에 새로운 변화에 대한 기대가 세차게 불고 있었다. 이른바 윤풍(尹風)이었다.

정권이 바뀌면서 새로운 변화에 대한 기대감이 높아져서인지, 비교적 낙후된 동작구의 개발과 발전에 대한 여론이 높아졌다. 내가 건설부, 국토교통부 등에서 개발 전문가로 활약했다는 사실이 밝혀지자, 나에게 동작구의 실질적인 개발을 바라는 주민들도 점점 늘어났다.

"국토부에서 오셨죠? 여기 동작구 좀 바꿔 주세요. 여긴 강남, 서초에 비해 너무 낙후됐어요."

이렇게 말하는 주민들이 늘어나며 나는 동작구청장에 당선될 수 있었다. 드디어 난생 처음 선거에서 이긴 나는, 이른 새벽 당선증을 받으러 성남고등학교 체육관으로 향했다.

이제부터 공약
실천하겠습니다

국민 또는 지역주민이 선출하는 선출직 정치인은 대통령부터 지방자치단체 의원들까지 모두 공약(公約)을 내세운다. 그들뿐이 아니다. 아파트 동대표 선출, 초등학교의 반장 선거까지도 당선을 위해서 공약을 내세운다.

공약(公約)의 사전적 풀이는 말뜻 그대로 '정부나 정당, 입후보자 등이 어떤 일에 대해 사회 공중에게 실천을 약속하는 것'이다. 정치인들은 소속 정당의 이념이나 정책에 맞춰 국가의 발전을 위한 당면 과제와 관련된 공약을 많이 내세운다. 더불어 자기 지역구의 당면 과제, 개발과 개선 등 주민들에게 혜택이 될 만한 공약도 같이 내세운다.

공무원도 공약이 없는 것은 아니다. 특히 대통령이 임명하는 각 부처 장관은 취임과 동시에 관련 분야의 시급한 과제나 반드시 개선해야 할 주요 정책을 공약으로 내세우기도 한다. 그러나 원칙적으로 공무원은 임명직이기 때문에 자신의 부서와 관련된 현안 그리고 각종 정부 시책에 따른 구체적인 계획을 수립하고 그것을 빈틈없이 수행하는 일을 한다. 그에 따라 공무원의 업무능력과 실적이 평가되므로 시행착오, 실책, 실패 등은 불이익을 초래하는 경우가 많다.

나도 동작구청장에 출마하면서 처음으로 내 공약을 제시했다. 동작구의 각종 개발, 개선, 그리고 구체적인 변화와 혁신 방향을 내세운 것이 동작구의 획기적인 발전에 대한 나의 공약들이다.

공약을 내세웠으면 그냥 인쇄물에 넣고 입으로만 떠드는 것이 아니라, 그에 대한 주민들의 여론과 반응을 살펴봐야 한다. 결론적으로 말하면 주민들의 반응은 뜨거웠다. 아니 정확히 말하자면 많은 주민들이 무척 신기해 했다. 단 한 번도 동작구를 획기적으로 변화시킨다는 것은 생각조차 못 해 봤다고 했다.

"이런 게 가능합니까? 대박인데요. 국토부에서 근무한 분이라 다르기는 다르네요!"

나는 더욱 용기가 솟아 주민들을 만날 때마다 공약을 열심히 설명했다. 그런데 정치판에 오래 있었고 정치 경험이 많은 사람의 반응은 주민들과는 사뭇 달랐다.

"박 후보, 정치를 하고 싶다고요?"

"네, 그런데 정확히 말하면 정치는 아니고, 구청장이 되어서 구민들을 위한 정책들을 꼭 실현하고 싶습니다. 그런데 아직은 어떻게 해야 하는지 잘 모르고 미숙합니다. 많이 지도해 주시기를 부탁합니다."

"이봐요, 박 후보. 구청장은 정치인입니다. 그것도 모르는 초짜의 용기가 기특하긴 하지만, 정치, 특히 선거는 아무나 하는 게 아닙니다. 박 후보는 고위공무원 출신이라 허리가 굽혀지지 않아요. 너무 뻣뻣해요."

"그렇습니까?"

"그리고 정치인은 간도 쓸개도 없어야 하는데, 박 후보는 너무 순진해서 안 됩니다."

지금 와서 돌이켜보면 그 말도 맞는 말이었다. 하지만 당시 내 생각은 조금 달랐다.

'구청장이 공무원이지 정치인인가? 40만 동작구민의 안전과 일상을 책임지는 자리인데 그런 자리를 행정 경험도 없는 정치인들이 한다는 게 말이 돼?'

내 생각은 그러했다. 구청장이 공무원이든, 정치인이든 간에 이미 주사위는 던져졌다. 나는 누가 뭐래도 온 힘을 다했고 결과적으로 당선됐다. 서울 동작구 구청장이 된 것이다.

구청장으로서 내가 내세운 공약을 실천하려고 최선을 다했다. 국회의원이나 지자체 단체장들이 내세운 '공약 이행률'을 조사하는 '한국매니페스토실천본부'라는 단체가 있다.

이 단체가 2024년 민선 8기 기초단체장, 즉 시군구 기초자치단체장의 '공약 이행 및 정보공개 평가'를 발표했다. 자랑스럽게도 최고 등급인 'SA 등급'에 우리 동작구가 포함됐다. 그뿐만이 아니다. 2024년, 다양한 대외기관 평가에서 아래와 같이 놀라운 성과를 거두었다.

2024년 국민영양관리 시행계획 우수기관 평가 '자치구 1위'(보건복지부)
2024년(2023년 실적) 지자체 적극행정 종합평가 '전국 2위'(행정안전부)
2023년 민원서비스 종합평가 '최우수'(행정안전부 국민권익위원회)
2024년 공무원 후생 복지사업 우수사례 '최우수'(인사혁신처)
2023년도 공공기관 청렴도 평가 '2등급'(국민권익위원회)
2024년 재난관리평가 '우수'(행정안전부)
2024년 수도권 무공해차 전환 우수 지자체 선정 '우수'(환경부)
2024년 자치구 에코마일리지(승용차) 활동실적평가 '우수'(서울시)
2024년 주소정보 관련 업무 유공평가 '우수'(행정안전부)
2023년 자치구 교통수요관리평가 '우수'(서울시)
2023년 청소년 정책평가 '우수'(행정안전부)

2023년 정보공개 종합평가 '우수'(행정안전부)

2023년 공유재산 활용 우수사례 경진대회 '우수'(행정안전부)

2024년 지난 연도 시세 징수 사례 '최우수'(서울시)

2024년 상반기 저소득취약계층 건강보험료 지원평가 '서울시 1위'(국민건강보험공단)

모두 동작구 구민들에게 자부심을 심어 주는 자랑스러운 실적들이다. 동작구청장으로서 책상 앞에만 앉아 있지 않고 부지런히 동작구 구석구석을 발로 뛴 결과이리라!

구청장
당선 신고식을 호되게

취임 첫날부터 하루도 빠짐없이 부지런히 현장을 다니며 실태를 파악하려고 노력했다. 동네마다 구석구석 걸어 다니며 문제점, 개선할 점 등을 살폈다. 흑석동의 기울어진 전봇대를 바로 세우고, 경로당의 새똥을 처리하는 등 아주 작은 민원까지 챙기며 부지런히 현장을 누볐다.

그럼에도 큰 문제가 발생했다. 2022년 8월 8일, 내가 구청장에 취임한 지 겨우 한 달 남짓 지났을 때다. 아침부터 비가 계속 내리고 있어서 현장점검을 나가려는데 직원이 숨 가쁘게 달려왔다.

"청장님, A 시장 쪽이 물에 잠겼습니다."

아침나절만 해도 폭우 정도는 아니었는데, 시장이 물에 잠기다니? 당장 차를 타고 현장으로 향했다. 그런데 갑자기 빗발이 굵어지더니 삽시간에 하늘에서 물동이를 퍼붓는 듯한 엄청난 폭우로 변했다. 이렇게 갑작스럽게 퍼붓는 폭우는 생전 처음이었다. 국토부에서 수해, 폭설 등 풍수해 복구로 단련된 몸이지만 이런 폭우는 경험해 보지 못했다. 자동차의 윈도 브러시가 소용없었고 앞이 전혀 보이지 않았다.

그런데 또다시 안타까운 소식이 전해졌다.

"청장님, 큰일났습니다. B 아파트 옹벽이 무너지면서 아파트를 덮쳐 입주민들이 대피 중입니다. 어떻게 할까요?"

정신이 없었다. 폭우는 여전히 억수처럼 쏟아지고 있었다.

"B 아파트로 갑시다."

그야말로 비상사태였다. 동행하는 직원에게 구청에 전화하라고 지시했다. 이미 퇴근 시간이 지났지만, 전 직원 비상대기하고 수해복구에 투입하도록 했다. 나는 B 아파트에 가서 대책을 진두지휘할 테니 부구청장과 국장들은 동별로 분담해서 수해복구를 지휘하라고 지시를 내렸다.

옹벽이 무너진 B 아파트는 직원들보다는 전문가인 내가 직접 지휘하는 것이 낫다고 판단했다. 침수된 도로가 많아 어렵게 B 아파트에 도착해 보니, 10m나 되는 옹벽이 무너지며 아파트를 덮쳐 그야말로 아수라장이었다. 우선 급한 대로 2개 동 피해 주민을 체육관 등의 공공 대피시설로 대피하게 하고, 필요하면 인근 시설에 숙박하게 했다.

그리고 정전된 B 아파트 지하실로 달려가 수중 펌프를 가지고 물을 뺐으나 역부족이었다. 나는 긴급히 준설차를 부르도록 지시했다. 밤새도록 물을 빼는 현장에서 함께 비지땀을 흘리며 고군분투했다. 전날 저녁부터 다음 날 점심까지 꼬박 굶은 채로 현장에 매달려 작업하고 있는데 갑자기 아파트 주민들이 몰려와 구청장 어디 갔냐고 아우성치기 시작했다. 2개 동을 제외한 나머지 동에 수해로 인해 문제가 생길까 봐 관리소장이 구청과 협의 없이 아파트 전체 정전 스위치를 가동한 것을, 구청장 지시로 아파트가 정전됐다고 판단한 주민들의 원성이었다.

나는 '침수된 자신들의 아파트까지 와서 물을 빼느라 정신없이 일하는 중인데 왜 소리를 지르고 삿대질까지 하지?' 하는 아쉬운 생각이 들었으나 그런 것에 연연해 하지 않고 이틀간 물을 다 빼내며 전기를 복구시켰다. 나중에는 주민들이 구청장이 현장에서 직접 진두지휘하며 신속하게 일을 처리했고, 그래서 피해 현장을 빠르게 복구시킬 수 있었다는 사실을 알고는 감사한 마음을 전달해 주었다.

취임 초부터 사고의 연속이었다. 엄청난 수해, 아파트 옹벽이 무너지는 사고 등 정신을 차릴 수 없었다. 하지만 사고에 대한 대응책이나 복구 대책 등의 최종 결정자는 구청장인 나였다.

무엇보다 수해복구 대책이 시급했다. 당시 폭우는 시간당 141mm, 115년 만의 기록적인 폭우, 기상청 관측 이래 최대의 비 피해로 언론에 대서특필됐다. 서울에서 가장 수해가 큰 지역은 관악구, 영등포구, 동작구, 서초구로, 모두 특별재난지역으로 지정되어야 할 상황이었다. 구청장으로서도 동작구를 특별재난지역으로 지정되게 하려고 자료를 미리 챙기는 등 모든 준비를 하고 있었다. 그때, 당시 민주당 지역 국회의원에게서 뜬금없는 내용의 전화가 왔다.

"청장님, 동작구는 특별재난지역 선포가 어떻게 되나요?"

"네, 특별재난지역은 행안부에서 재난 종료되고, 민간 시설 10일, 공공시설 7일 이내에 조사단을 파견해서 조건에 부합하는지 확인한 후 지정됩니다. 지금은 그에 맞춰 사진 등 각종 증빙자료를 준비하고 있습니다. 동작구는 별문제 없이 특별재난지역으로 지정될 겁니다. 그런데 특별재난지역이 선포되어도 특별 보상금이 추가로 내려오거나 지원금이 더 많아지는 것은 아닙니다. 통신 요금 할인 등 지원이 미미하지만 그래도 안 되는 것보다는 낫기 때문에 차질 없이 준비하고 있습니다. 제가 이쪽으로는 경험이 많아 문제없습니다."

이야기를 마치고 전화를 끊었다. 그런데 문제가 발생했다. 특별재난지역은 통상 재난 종료 후 조사하고 선포하는 것이 규정인데도 윤석열 정부가 재난 종료 이전에 미리 발표해 버린 것이다. 전화통화가 있은 지 이틀 만의 일이었다.

책임은 다른 사람을
돕는 기회다

    특별재난지역으로 관악구와 영등포구만 지정되고, 동작구와 서초구는 빠지고 말았다. 재난 피해 액수가 규정보다 다소 모자랐던 것이 이유였던 것 같다. 현행 「재난 및 안전관리 기본법」에 따라 특별재난지역으로 선정되기 위해선 시·군·구(재정력 지수 0.6 이상 기준)의 경우 피해액이 105억 원이 넘어야 하고, 읍·면·동은 10억 5천만 원 이상이어야 한다. 서울시 집계에 따르면 관악구가 219억 원으로 피해액이 가장 컸고, 서초구(217억 원), 동작구(153억 원), 영등포구(125억 원), 금천구(110억 원), 구로구(97억 원), 강남구(67억 원) 순이었다.[1)]

    특별재난지역을 결정하는 행정안전부에 따르면, 다세대 주택이 밀집한 관악구와 영등포구는 주택 침수 가구가 5,000가구를 훨씬 넘는 큰 피해를 당했다. 법에 따라 침수 가구당 200만 원으로 피해액을 산정하면 특별재난지역 선포 기준인 105억 원을 단번에 뛰어넘는다. 반면 아파

---

1) "서울시, 7개 자치구 특별재난지역 선포 정부에 긴급요청", 《서울시 보도자료》, 2022. 08. 16.

트 단지와 오피스텔, 상가 등이 주로 피해를 본 서초구는 침수 가구가 1,000여 가구에 불과했고, 동작구도 이보다 많은 4,000가구 정도가 침수 피해를 입었지만 기준 금액에는 모자란다고 판단하고 특별재난지역에서 제외한 것이다.

나 역시 특별재난지역 선포 하루 전에 동작구가 빠져 있다는 사실을 알게 됐다. 그래서 대통령과 행안부 장관이 재난 지역으로 방문하고 현장답사까지 했던 동작구가 특별재난지역에서 빠지면 안 된다고 전화했지만, 통화가 안 돼 결국 문자로 대통령에게 전달했다.

그러나 결과는 동작구가 특별재난지역에서 제외됐다. 이후 동작구 전 직원들은 찾아가는 피해 신고 접수와 함께 피해액을 적극적으로 소명하는 등 구 전역에 대한 철저한 피해 조사가 이루어지도록 최선의 노력을 다했다. 그 결과 절차에 따라 특별재난지역에 추가로 선정될 수 있었다. 특별재난지역은 일반재난지역 대비 추가적인 국비 지원은 없으나, 행정·재정·금융·의료 등 총 30종의 간접 지원을 받을 수 있어 피해 주민의 생활 안정에도 도움이 되었다.

나는 사실 내게 전화했던 국회의원이 당시 동작구의 상황을 염려해서 전화한 줄 알았으나 그것은 큰 오산이었다. 그는 윤석열 정부가 그전과 다르게 규정에도 없는 특별재난지역 선포를 미리 준비하고 있다는 것을 먼저 알고, 우리 동작구가 어떻게 되는지 살피려고 전화했던 게 아닐까?

순진한 공무원 출신인 나는 오로지 수해복구에만 모든 힘을 쏟아부었지만 노련한 정치인들은 이런 엄청난 수해 상황에서도 계산법이 달랐던 것 같다.

천재지변에 따른 재난 상황에서는 당을 떠나서 서로 도와줄 거라 생각했던 것은 한마디로 착각이었다. 국회의원들이 이처럼 초유의 수해 상황에 국회 앞도 아니고 구청 마당까지 찾아와 구청장을 질책하기보다는, 비록 소속 정당이 다르더라도 함께 힘을 모아 수해복구를 같이 했더라면 얼마나 감동적이었을까?

그 일은 정말 충격이었다. 나에게는······.

동작구청장
물러나라!

"박일하 구청장 물러나라!"

구청장 취임 초기, 나에게 매우 충격적인 일이 있었다. 심각한 수해를 당한 동작구가 특별재난지역 지정에서 빠지게 되자 국회의원과 주민 150여 명이 구청으로 몰려와 구청장의 퇴진을 외쳤다. 함께 피해복구에 전력을 다해도 모자랄 시국에 시위라니? 어처구니가 없어서 헛웃음이 나왔다. 특별재난지역 지정 여부는 구청장의 능력으로 해결할 사안이 아니었다.

유감스럽게도 동작구가 엄청난 수해를 입었지만 피해 액수의 규모가 특별재난지역 지정 규정에 다소 부족했었기 때문이다. 그러나 민주당과 함께 온 시위대는 그런 사정은 따지지 않고 새 구청장의 능력이 부족해서 탈락했다고 몰아붙이며, 수해복구에 여념이 없는, 취임한 지 겨우 한 달밖에 되지 않은 나의 퇴진을 요구했다. 온 거리에 물러나라는 현수막이 걸렸다.

그들은 구청장 퇴진을 외치며 내일은 오늘보다 2배 이상의 인원이 시위대에 참가할 것이라고 겁박했다. 언론사 기자들도 이 사실을 알고는 취재했다.

솔직히 말하면 생각하지도 못했던 수해가 갑작스러운 재난이 되자, 그 대책을 놓고 잠시 우왕좌왕했던 것은 사실이다. 더욱이 대통령도 방문했기에 바로 될 거라고 생각했던 특별재난지역 지정에서 제외되자 당황스러웠던 것도 맞다.

하지만 나를 비롯한 구청 공무원들은 곧바로 이성을 찾고 재난 수습에 총동원돼 정신없이 뛰어다니며 최선을 다했다. 군인들도 투입되어서 복구 작업도 더욱 효율적으로 수행할 수 있었다. 이후 특별재난지역에 추가로 선정된 것은 물론이며, 동작구 이재민들에게 추석 전 발 빠르게 재난지원금까지 지급하는 등 피해 복구에도 총력을 다했다. 그 결과 동작구의 수해 복구는 다른 지역보다 빠르게 이루어져 성공적이라는 평가를 받았다.

나는 공무원 출신이어서 행정 처리는 그 누구보다 신속하고 빈틈없게 하려고 노력한다. 하지만 취임 초부터 뜻밖에 대형 사고들과 마주하면서 수습 과정 중 주민들의 시위까지 일어났다. 그리고 그 이유가 어떻든 구청장은 일반 공무원과는 달리 정치권과 무관하지 않다는 사실도 깨달았다.

 정치인들은 성격상 자신들의 존재 가치를 돋보이게 하고, 소속 정당의 이념이나 정책의 실현을 위해 상대 당을 공격하는 일이 많은 편이다. 하지만 그 과정에서 지나친 편향적 사고와 '반대를 위한 반대'가 나타나는 경향이 있다. 나중에 구청까지 찾아와서 '구청장 물러나라!'라며 마이크를 잡았던 주민을 만나 '그때는 왜 그랬습니까?'라고 물어볼 기회가 있었다.

 "특별재난지역으로 선포되면 내가 입은 수해 피해가 10억이면 10억 원 전부를 보상받을 수 있을 것 같아서 그랬다."라는 대답이었다. 정말 기가 찰 노릇이었다.

 "「재난 및 안전관리기본법」상 특별재난지역으로 지정되어도 침수 주택 200만 원, 상가 500만 원 등 정해진 금액만 받게 되어있습니다. 다만 추가지원으로 건강보험료, 전기·도시가스·통신요금 등을 더 감면해 주는 거죠. 이제 정확한 사실을 아셨으니, 어떤 생각이 드세요?"라는 내 대답에, "미안하게 생각합니다. 근데 그때는 정말 몰랐습니다."라는 답변이 돌아왔다.

 나는 이 일을 겪고 '이런 게 정치구나!', '구청장도 정치인이구나!'라는 걸 깨달았다. 모든 구민들이 수해 복구에 정신없이 온 힘을 쏟으며 힘들어 하는데 정치권에서는 사람들과 시위를 벌이다니…….

한편으로는 그 많은 사람들을 동원하는 능력에 정말 대단하다고 생각하지 않을 수 없었다. 만약 내가 입장을 바꿔 이런 상황이라면, 이렇게 많은 사람들을 동원할 수 있을까? 무엇보다 피해 복구가 가장 시급한 상황에서 시위를 할 마음을 가질 수 있었을까?

이 일은 나에게 매우 좋은 경험이었다.

정치가는

스스로 정치적 포부나 신념에 따라서

국민의 지지를 얻고

그 신념의 구현을 위해 투쟁하며

그 결과에 대해서 국민에게 책임을 져야 한다.

막스 베버

PART 3

신념이 행동을 이끕니다

재개발·재건축은 이렇게 하는 거야

세상에 쉬운 일은 없는 것 같다. 특히 많은 사람의 이해관계가 얽힌 도시개발이 그렇다. 재개발·재건축을 잘 모르는 사람들은 자기 거주지역을 개발한다고 하면 반응이 각양각색이다.

"뭐? 재개발한다고? 나는 아무런 문제 없이 잘살고 있는데 개발은 무슨 개발?"

"내 땅은 사유지야. 사유지는 내 마음대로 할 수 있는데 무슨 소리야?"

"뭐? 내가 조합원이 돼? 에이, 난 그런 거 싫어!"

"재개발·재건축 이런 건 10년 이상 걸린다는데 내가 왜 조합원으로 10년 이상 신경 쓰며 살아야 해?"

"내 집을 철거하면 나는 어디로 가야 하지?"

"뭐야? 여기를 재개발한다고? 난 이미 노후 대비로 집 사서 또박또박 월세 받으며 생활하고 있는데 말도 안 돼. 난 동의 못 해!"

"나 참! 이제 이사 가야 할 때가 됐나 보네. 왜 하필 여기를 재개발해? 재수가 없으려니 별일 다 있네. 에이!"

이러한 의견들에 전적으로 동감한다. 나도 그랬었기 때문이다. 그런데 이렇게 생각해 보자. 우리나라 상위 1%만 산다고 소문난 한남동의 '나인원' 아파트 단지 사진을 보여 주며, "선생님, 지금 선생님이 사시는 곳을 개발해서 6~7년 안에 이런 곳에 살 수 있도록 해드리겠습니다." 이렇게 설명하면 반응이 어떨까? 물론 사기꾼이나 부동산업자가 아닌 신뢰를 바탕으로 한다는 가정이다. 예를 들어, 구청 공무원이나 구청장이 직접 그런 설명을 한다면?

그렇다. 내가 꿈꾸는 재개발·재건축은 이런 신뢰를 바탕으로 지자체가 먼저 직접 개입해 주민들을 안심시키고, 실질적으로 멋지고 안전하고 편리한 주거 공간을 만들어 주는 것이다.

지자체가 왜 사유지 개발에 참여할까? 도시 공간이 공공재의 성격을 지니고 있기 때문에 공익과 공공성을 확보해야 하는 도시개발은 개인의 토지 재산권 제한이 필요하고 공공복리에도 적합해야 하기 때문이다.

개인이 소유한 부지를 개발해서 초고층 빌딩을 짓게 허락하는 대신, 공공성을 확보하기 위해 많은 사람이 이용하는 공원이나 도로를 조성하도록 요구하고, 공익적 측면을 고려해 주민센터나 공연장 등의 문화시설도 설치하도록 해야 한다. 즉, 도시개발을 통해 행정청은 공공목적을 실현하기 위한 구체적인 수단이나 방법을 가동하는 것이다.

'이렇게 공공이 개입하는 개발은 꿈이고, 현실과는 동떨어진 것일까?'

사실 나는 이런 시도를 해 보고 싶어 구청장에 도전했다. 도시개발에 대한 고정관념을 깨고 제대로 된 개발이 어떤 것인지 내 손으로 구체화하여 직접 보여 주고 싶었다.

내가 생각하는 재개발·재건축은, 구청장과 지자체가 직접 나서서 도시개발 밑그림을 그리고 그것을 토대로 주민을 설득한다. 변호사, 세무사, 감정평가사, 공무원이 합동해 각각 개인별로 맞춤형 솔루션을 제공해 주며 설득 과정에 나서는 것이다.

재개발에 동의하면 근처에 이주단지를 조성해 지역에 살던 이들을 이사 가게 해 주고, 기존에 살던 집을 철거해서 새집을 짓는다. 오랫동안 살던 지역을 떠나지 않게 하는 개발 방식이다.

아울러 개발지에는 공공 시니어타운을 함께 조성하여 싱가포르 같이 월 15만 원 정도로 아침, 점심, 저녁을 제공하고 방 청소는 물론, 의사와 간호사가 밀착 관리해 주는 의료, 주거, 문화 서비스를 제공한다. 100살까지도 편하게 사실 수 있도록 하는 것이다. 이런 방식이 적용되지 않는 한, 이상적이고 효율적인 도시개발은 요원하다. 지역주민에게 개발 유인을 끌어내기도 어렵다 보니 부지하세월이 되기 십상이다.

구청장 취임 초기에 살펴보니 동작구에도 추진 중인 개발사업 지역이 곳곳에 널려 있었다. 그런데 대부분이 원수에게도 권하지 않는다는 지역주택조합 사업 구역이거나, 개발한다고 들썩였지만 별다른 진척 없이 멈춰진 곳, 여러 명의 개발업자들이 자기 영역이라며 분쟁을 일으킨 지역, 조합장 자리를 놓고 소송 등으로 사업이 멈춰 있는 곳들이었다.

사정이 이러하니 '동작구 재개발·재건축은 색다르다.'라고 할 수 있도록 속도와 방향을 잡는 새로운 패러다임을 적용했다. 그것이 바로 '동작구형 도시개발 시범사업'이었으며, 그 첫 번째가 남성역 북측 역세권 활성화 사업지였다. 마침내 첫 번째 재개발 시범 사업지의 실제 건립 도면 초안이 2025년 5월에 나왔다. 나의 개발철학이 부분적으로나마 담긴 개발 도면이 드디어 세상에 첫선을 보인 것이다. 아파트 단지를 평면 형태로 설계해 언덕길, 비탈길을 없애고, 지하철 출입구는 단지 안으로 끌고 들어와 교통 편의성을 극대화하며, 국제학교나 큰 기업 등 앵커(anchor) 시설을 유치해 상가 임차인의 매출에도 문제가 없도록 많은 사람이 모이는 공간으로 만드는 것. 거주지역에서 월세를 받던 이들은 계속 월세를 받게 하여 노후를 보장하는 방식, 그러한 철학들을 담았다.

남성역 북측 역세권 활성화 사업지 조감도

남성역 북측 역세권 활성화 사업지 입구 광장 조감도

남성역 북측 재개발 사업지는 남성역 지하철 출입구를 단지까지 연결했고, 기부채납 공공기여 건물과 기존 상가를 하나로 어우러지게 하여 일체감을 살렸으며, 단지 내 15m 이상의 단차를 없애서 평면화를 이루어 내도록 했다. 단지 전면부는 남성역을 이용하는 많은 유동 인구가 자동으로 몰리도록 분수, 광장 등으로 계획했다.

첫 실제 도면이 나오자 무척 기뻤다. 상상하던 그런 아파트 단지를 만들어 주민들을 만족스러운 곳에서 살게 해 줄 수 있다는 생각에 감격스러웠다. 가장 먼저 비서실 직원들에게 설명해 주었다. '구청장이 그동안 주장하던 개발의 모습이 바로 이런 것'이라고 말이다. 말로만 들어 '그저 그렇겠지' 하며 쳐다보던 직원들이 실제 완성 도면을 직접 확인하고는 "이렇게만 된다면 동작구가 서울에서 최고로 좋은 동네가 되겠어요!"라며 놀라움을 감추지 못했다.

무엇이든 첫 시도는 매우 힘들다. 지금까지 해 보지 않았기 때문에 실패의 두려움이 클 수밖에 없다. 공직자에게 실패란 치명적이다. 하지만 때로는 확신과 소신에 대한 과감한 용기가 필요하다. '하면 된다'는 확실한 신념이 있고 용기와 자신감이 있다면 놀라운 창조적 혁신을 창출할 수 있다. 세계 최고의 도시 '동작'을 기대해 보자!

동작구를 기회의 땅으로,
현재 공사 중

동작구가 현재 추진 중인 개발사업은 약 2,598,938㎡(78만 평) 정도이다. 이 중 내가 구청장으로 취임하고 시행한 재개발·재건축 사업 면적은 1,049,823㎡(32만 평)에 달한다. 아니 그간 지연되거나 멈춰 있던 사업까지 포함하면 1,883,523㎡(57만 평)에 이른다.

내가 구청장이 된 이후부터 동작구 전체는 공사판이라고 해도 과언이 아니다. 다시 말하면 동작구가 이제 변화하는 것이다. 그냥 변화라고 하기보다 색다른 변화이며, 남다른 변화라고 강조하고 싶다. 즉, 내가 추구하고자 하는 재개발·재건축은 기존에는 보기 어려운 남다른 것인데, 그 내용을 설명하면 다음과 같다.

'속도가 남다르다.'

민간이 재개발·재건축을 신청하면 구청은 인허가 기관으로서 목에 힘만 주지 않고 마치 인허가를 신청한 당사자인 듯 일을 처리해 준다.

대부분의 인허가권이 서울시에 있다 보니 우리 구청 공무원이 서울시에 쫓아가서 업자처럼 설명하고 간청한다.

재개발사업의 본보기를 보여 주려고 동작 갑 지역과, 을 지역에 각각 1구역씩 시범지역을 선정해서 추진 중인데 제1호 사업이 바로 남성역 북측 역세권 활성화 사업이다. 통상적으로 개발사업 대상지 선정 후 정비구역 지정까지 최소 3년 이상 걸리는데 박일하 형(型) 재개발사업은 1년 반 정도밖에 걸리지 않았다.

혹자는 '자기가 인허가 기관이면서 1년 반까지 걸리나?'라고 생각할 수도 있겠지만 모든 인허가권은 서울시에 있다 보니 진행이 쉽지 않다. 구청도 이렇게 힘든데 일반 국민의 인허가 과정은 어떨지 짐작이 간다.

동작구의 이러한 적극 행정 덕분에 동작의 지도를 바꾸는 재개발·재건축은 속도가 남다르다. 최근 동작구에 집을 구매하려고 부동산을 방문했다는 사람의 말이 기억난다.

"부동산 중개업소에서 동작구 개발 사업지는 앞으로 5~6년 후면 입주할 수 있다고 해요. 동작구는 구청장이 전문가여서 가능하대요!"

이런 분위기가 조성되었다는 것만 봐도 동작구의 재개발·재건축 속도가 구민들에게 얼마나 신뢰를 쌓고 있는지 짐작할 수 있으리라 본다. 재개발·재건축이 10년~20년 걸린다면 무슨 소용이 있겠는가?

'기존 거주민 이주단지를 먼저 만들어 이주시킨 다음, 살던 집을 철거해서 공사가 이루어지게 한다.'

동작구의 대부분 주민은 최소 10년 이상, 길게는 30년, 40년 사신 분들이 많은데 이런 분들에게 개발한다고 이사 가라고 하면 누가 가겠는가?

그래서 동작구 개발사업은 지역을 떠날 일이 없도록 처음부터 설계한다. 즉, 개발 지역에 먼저 빌딩을 지어, 주변 거주민들이 이사 가게 하고 그다음 살던 집들을 철거하는 방식을 적용한다. 물론 이 방식은 기존에 해오던 행태와 전혀 달라서 제도적 보완이 필요하다. 앞으로 할 일이 많다. 관리처분인가 전에 이주비를 대출할 금융기관을 미리 선정해야 하고, 이주 기간 공고 시에는 구역별 이주 시차를 둔 계획을 함께 공고하는 등 새로운 원칙들이 작동되어야 하기 때문이다.

'언덕이 없어진다.'

동작구 대부분은 비탈면이다. 오죽하면 동작구에 있는 상도동(上道洞)의 경우 길이 하늘 위로 뻗어 있다고 해서 지어진 이름이다. 그래서 기존의 아파트 단지 대부분은 이러한 경사를 그대로 놔두고 집만 짓는 방식이어서 아파트의 동과 동 사이를 가려면 계단이나 비탈길을 올라가야 한다. 자동차로는 동과 동 사이를 지나갈 수도 없다.

이런 방식의 개발은 바뀌어야 한다. 그래서 내가 추진하는 도시개발은 아파트 단지 전체가 같은 평면(Floating Ground)이다. 단지 내에는 오르막, 내리막이 없다. 일본의 롯폰기 힐스나 아자부다이 힐스를 가 본 사람은 쉽게 이해할 것이다.

일본 아자부다이 힐스 조감도(출처: 모리빌딩, 도쿄 관광 공식 사이트)

동작구는 현재 언덕이 없어지고 평지가 되는 마술 같은 개발이 이루어지고 있으며, 대부분 한강뷰가 가능한 최고급 주거단지로 탈바꿈하고 있다. 이를 입증하는 건축 도면이 드디어 탄생했는데, 박일하의 첫 번째 도시개발 시범사업인 남성역 북측 역세권 활성화 사업 지역에 들어설 아파트 단지 설계 도면을 보면 이를 잘 알 수 있다. 전체를 같은 평면으로 계획하고, 남성역 출입구를 아파트 단지까지 끌고 와서 교통 편의도 극대화했다. 기존의 높낮이 차이는 건물의 에스컬레이터나 엘리베이터로 커버하는 방식이다.

'단독주택, 다가구, 다세대 불평등을 최소화한다.'

일반적으로 단독주택에 사는 사람들은 재개발에 반대하는 경우가 많다. 대지가 같은 면적이라도 다세대의 경우는 아파트를 여러 채 받는데, 단독주택은 아파트 1채밖에 받지 못하기 때문이다. 또한 주택과 상가와의 차이로 항상 많은 상가 사람은 개발에 반대한다. 이러한 불합리를 해소하려고 동작구는 단독주택과 다가구·다세대, 상가에 각각 보정치를 둔다. 그렇게 불평등을 완화한다.

'개발지구에 주거용 오피스텔을 건립하고 다가구, 다세대 월세 수입자들이 분양받게 해서 그들이 계속 월세를 받으며 생활할 수 있도록 한다.'

본인 소유 주택을 월세로 주며 생활하는 분들이 많다. 이런 분들은 대개 재개발에 반대한다. 새로 지은 아파트를 받은들 무엇하겠는가? 번듯한 집보다는 현재의 집에서 또박또박 월세 받으며 편하게 살고 싶은 것이 인지상정이다. 그래서 이들은 재개발·재건축할 때 가장 큰 반대자 중 하나가 된다. 그렇기 때문에 동작구는 재개발할 때, 단지 안에 반드시 주거용 오피스텔을 건립해서 분양받게 함으로써 미래에도 지속적으로 월세를 받을 수 있게 한다. 물론 재산세 등 세금 혜택은 보너스이다.

'재개발·재건축 사업할 때 은퇴자들을 위한 공공 실버타운을 함께 지어서 분양한다.'

'열심히 일하고 은퇴 후에는 죽을 때까지 편하게 살도록 하는 것이 국가의 책무이다.'가 내 신념이다. 은퇴 후에도 무슨 일이든 해서 돈을 벌지 않으면 안 된다는 강박관념이 있다면 얼마나 불행한가? 현재 사회적으로 논의되는 노인 연령 기준을 "65세에서 70세로 변경하자!", "그러면 안 된다!"하며 갈등을 빚는 것도 같은 맥락이다.

나는 노인 연령 기준을 오히려 60세로 하자고 주장한다. 정확히는 60세 이후, 은퇴 후 경제생활 능력이 없어질 때로 해야 한다. 100세 시대에 60세 은퇴 후를 위한 생활 대책이 없는데도 노인 연령만 변경하는 것은 안 된다는 것이다. 은퇴 후 편히 지내도록 집 청소도 해 주고, 식당에서 세 끼를 먹을 수 있게 하며, 주거, 의료, 문화 활동을 결합한 공공 실버타운 등 기본 인프라 구축이 우선이다.

동작구는 재개발·재건축할 때, 이러한 공공 실버타운을 공공기여 또는 기부채납 방식으로 건립하고, 그 후에는 동작구에서 운영하는 공공 실버타운이 정비사업 시 함께 검토될 수 있도록 추진하고 있다.

싱가포르 공공노인주택 '캄풍 애드미럴티(Kampung Admiralty) 실버타운'이 롤 모델이다. 월 15~20만 원만 내면 의사·간호사가 케어해 주며, 삼시세끼를 모두 제공하고, 수영장, 사우나, 실내골프장, 헬스장 등을 갖추는 등 주거, 의료, 문화를 결합한 시니어 타운이다. 이런 공공 실버타운은 단순 주거 공간이 아니라 노인 건강, 정서 안정과 사회적 교류의 장인 종합 복지 공간으로 거듭난다. 4~5년 후 동작 공공 실버타운(Life on)이 이 세상에 선을 보인다면 큰 파장을 일으킬 것이다.

'난방비, 냉방비 제로에 도전하는 주거복지 실현한다.'

동작구 모든 아파트에는 가스 보일러와 수소 보일러나 히트펌프 보일러를 듀얼로 설치할 계획이다. 즉, 세대별로 지금처럼 가스 보일러를 설치하되, 중앙난방식으로 수소 보일러 또는 히트펌프 보일러도 설치해 냉난방을 가동하는 방식이다.

수소 보일러는 수소를 연료로 사용하는 난방 방식인데, 이를 위해 2024년 미국 라스베이거스에서 만난 수소 보일러 개발업체를 우리 동작구로 유치했다. 원래 이 업체는 수소 발전소를 기획하고 사업을 생각하고 있었으나, 당시 미국 CES에서 내가 '수소 발전소 말고 수소 보일러를 만들어 봅시다!'라고 제안해 업체에서 흔쾌히 수락했다.

첫 번째 수소 보일러를 시범사업으로 추진하는 남성역 북측 재개발 사업지에 반영하려 하고 있지만, 아직 개발이 끝나지 않았다. 넘어야 할 규제가 한둘이 아니다. 그렇지만 히트펌프 방식이든, 이온히팅 방식이든 계속해서 도전해 동작구에 냉난방비 제로 아파트 단지를 세계 최초로 탄생시킬 것이다.

'핵심 앵커시설을 유치하여 지역상권을 살린다.'

아파트만 달랑 짓는 방식은 별 의미가 없다. 국제학교라든지 대형마트, 미술관, 공연장, 체육관 등 인구 유입시설을 동시에 계획해서 지역경제가 활성화 되게끔 해야 한다. 그래야 아파트 가격도 지속적으로 담보하고, 지역의 상권도 유지될 수 있기 때문이다.

노량진 재개발 촉진 구역에 국제학교를 유치하기 위해 이미 2024년 10월에 영국 위컴비 스쿨(Wycombe School)과 협약까지 체결했다. 또한 일천 명 이상 들어가는 예술 공연장과 펜싱, 스쿼시 등을 할 수 있는 특별한 체육관도 건립을 추진 중이다. 남성역 쪽에는 강남 입시학원을 유치하기 위해 실무적으로 협의한 상태며, 상도동에는 미술관 등 앵커 시설을 유치해 지역 상권을 살리려고 한다.

이렇게 기존 개발지와는 다르게 개발 착수한 사업지는 최대한 속도를 내서 하이엔드 아파트 단지로 만들어 주민들에게 제공할 계획이다. 첫 번째 개발 시범 사업지의 경우, 처음 동의서를 걷던 그 당시에는 1억 5천, 2억 하던 빌라 가격이 1년 반 만에 정비구역 고시가 이루어지고 나서는 7억 정도가 되었다고 한다. 그러면 여기가 나중에는 얼마가 될까?

하이엔드 아파트에, 최고급 시설들을 조성해 타워팰리스보다 비싼 지역을 만들고 싶은 게 목표이지만, 설사 그렇게 되지 않더라도 현재의 7억보다는 훨씬 가격이 올라갈 것은 분명하다. 동작구에는 이런 개발지가 많다. 동작구는 웬만하면 한강이 보이는 최고 전망 뷰(View)를 갖고 있으며, 서울 한복판에 위치해 편리한 교통을 자랑한다. 보통의 땅이 아니다. 지하철도 통과시켜 달라고 한 번도 교통 당국에 요청한 적이 없다. 서울 강서, 강남, 강북을 연결하는 교통편은 반드시 동작구를 경유하기 때문에 굳이 요청할 필요가 없었다.

따라서 지하철만 하더라도 1호선, 2호선, 4호선, 7호선, 9호선, 서부선, 신림선 등 총 7개 노선이 통과한다. 시내버스도 마찬가지로 경기권에서 서울 중심으로 가기 위해서는 반드시 경유하는 지역이다.

나는 틈만 나면 청년들에게 권유한다.

"지금은 대출이자율이 높아서 담보대출 받기도 어려운 상황입니다. 쥐꼬리만 한 봉급으로는 생활하기가 어려울 것입니다. 하지만 이자율이 10%라고 가정해 봅시다. 어떤 제품의 가격이 지금 만 원이라면 내년에는 11,000원이 되고, 후년에는 12,100원이 되겠죠?"

"특히, 청년들은 지금이 집을 사기 가장 좋은 타이밍입니다. 그런데 집을 사더라도 강남, 서초는 집값이 비싸 엄두가 나지 않을 겁니다. 개발계획이 확정된 우리 동작에 집 사서 6년 후, 7년 후 새집에 들어오세요."

우리 동작은 기회의 땅이다. 삶에서 기회는 자주 오는 것이 아니다. 한 번 좋은 기회를 놓치면 언제 다시 그런 절호의 찬스가 올지 모르는 일이다. 기회를 잡는 사람이 성공한다. 눈에 보이는 기회를 놓치고 나중에 가슴을 치며 후회한들 무슨 소용이 있겠는가.

스마트한 도시개발·관리 가이드라인 제도 도입

도시개발은 단순하지 않다. 국유지든 사유지든, 땅에는 주인이 있다. 개발의 주체가 누구이든 미래를 길게 내다보고 전체적인 청사진을 가지고 개발을 추진해야 한다. 그런데 지금까지 적지 않은 도시개발은 지자체가 기획하는 개발이 아니라 지역주민 수준에서 이루어진 사례가 많았다.

이를테면 누군가 자기 동네를 개발하고 싶으면 앞장서서 다른 주민들을 설득해 동의를 구한다. 동네를 개발하겠다는 사람들이 많아지면 이 사람들을 모아 조합을 결성하고 개발을 추진한다.

이런 방식은 대부분 개인의 이익을 추구하는 근시안적인 주택개발이 되고 만다. 그것도 땅을 최대한 활용하겠다고 집 앞의 도로 등 SOC 시설보다는 분담금을 적게 내기 위해 집만 짓는다. 또 민간 수준에서 기부채납을 하다 보니 바로 길 건너편에 경로당이 있는데 경로당을 짓고, 길 건너에 어린이집이 있는데 또 어린이집을 짓는 등 비효율적인 경우가 허다하다.

도시개발은 그렇게 주먹구구식으로 하면 안 된다. 가령 동작구만 하더라도 먼저 서울시의 서울 전체에 대한 개발계획이 있고, 또 동작구 자체적인 개발계획이 있어야 한다. 예를 들자면 여기는 초등학교가 없고, 여기는 경로당이 없고, 여기는 어린이집이 없고, 여기는 공연장이 없고, 여기 아파트 단지가 들어서면 그 앞의 도로를 몇 차선으로 넓혀야 하는 등 동작구 전체의 청사진에 맞추어 개발이 이루어져야 한다. 그런데 문제는 동작구나 대부분 지자체가 이를 위한 실질적인 청사진이 사실상 없다.

그래서 나는 동작구의 효과적이고 효율적인 개발을 위해 평소 도입하고 싶었던 정책인 '도시개발·관리 가이드라인' 제도를 시행했다.

이는 주민들에게 동작구의 개발 원칙을 분명히 알게 해서 그것에 맞춰 자신들의 계획을 차질 없이 실행하도록 하는 제도라고 할 수 있다. 가령, 빈 땅에 집을 지으려면 그 앞에 반듯반듯하게 몇 미터 넓이로 길을 내야 하고, 근린공원 등은 어떻게 만들어야 하고, 경로당이나 어린이집과 같은 공공시설은 어디에 세워야 하는가를 분명하게 설정해 놓은 것이다. 이를테면 개발 매뉴얼이랄까, 개발 기준과 같은 것이다. 그러면 주민들이 동작구의 개발 원칙을 알기 때문에 자신들의 수지타산에 맞추어 적당히 건물을 지으려 한다거나, 역시 관련 공무원들을 요령껏 구슬려 건축허가를 받는 부조리도 막을 수 있다.

도시개발·관리 가이드라인은 법률은 아니지만 법과 같은 효과를 얻을 수 있다. 모든 주민에게 해당하는 것이어서 공평하다. 행여 개인적 불만이 생겨도 공식적이고 공개된 가이드라인을 따를 수밖에 없다. 또한 가이드라인에 맞춰 세운 건축계획이라면 구청에서도 인허가를 내줄 수밖에 없다. 어떤 부조리나 비리가 발붙일 수 없다. 그만큼 맑고 밝고 체계적인 개발 행정을 자신 있게 해 나갈 수 있다.

사유지는 개인 소유지만 개인이 동작구, 나아가서 서울의 땅 주인은 아니다. 바람직한 도시개발은 개인과 공공이 서로 유기적으로 협력해야 한다. 우리 동작구의 '도시개발·관리 가이드라인'은 바로 공사(公私) 간의 협력이 차질 없이 이루어지도록 하는 밑거름이 될 것이다.

실제로 신대방삼거리역 앞 재개발 사업 지역은 내가 취임하기 전, 동일 지역에 3개의 개발 주체가 서로 중복해서 개발하겠다며 다툼이 있던 곳이다. 여기에 동작구 최초, 도시개발·관리 가이드라인을 적용해 각 주체별로 개발구역을 조정·분배해 주고 그중 한 곳은 동작구가 직접 재개발 사업을 추진, 주도해 나가고 있다. 이곳이 동작구형 도시개발 사업 제2호 지점이다.

호국 보훈 클러스터,
메모리얼 파크로

동작구에는 국립현충원이 있다.

그럼, 국민은 현충원을 어떻게 생각할까? 그냥 우리나라를 위해 희생한 숭고한 영혼들이 잠들어 있는 묘역이라고 생각할 것이다. 내가 그동안 가졌던 생각과 동작구청장을 하면서 느낀 현충원도 그것과 별반 다르지 않다. 그냥 묘역으로, 6월 '호국보훈의 달'에만 반짝하는 추모 공간임이 분명하다.

하지만 나는 현충원을 다시 한번 생각했다. '그 넓은 땅을 누구나 꼭 한번 찾고 싶은 추모 공간이자 문화 힐링 공간으로 활용할 수는 없을까?' 미국을 여행할 때 대다수의 관광객은 대통령이 산다는 백악관을 관광한 후, 다음 코스로 웰링턴 국립묘지를 방문한다고 한다. 그처럼 우리 현충원도 호국보훈의 달, 현충일에만 찾는 곳이 아니라 1년 365일 국민들은 물론, 전 세계 사람들이 방문하는 추모와 문화 힐링 공간으로 자리매김해야 한다.

현충원은 지금 우리가 이 땅에서 살아갈 수 있도록 온몸을 바쳐 나라를 지켜 낸 우리의 영웅들이 잠든 공간이다. '미국은 영웅을 만들고 영웅은 미국을 만든다.'라는 말이 있다. 현충원도 우리 동작구를 대표하는 공간을 넘어 대한민국을 대표하는 상징 시설이 되어야 한다.

그런데 그 앞을 거의 매일 지나가면서 안타까운 느낌을 갖지 않을 수 없었다. 현충원은 항상 너무 고요했다. 때로는 조용해서 썰렁하다는 느낌마저 들었다. 문득 '우리 현충원을 미국 웰링턴 국립묘지처럼 활기가 넘치는 공간으로 만들 방법은 없을까?' 하는 생각이 떠올랐다.

물론 현충원은 호국영령들이 잠든 엄숙한 공간이지만 썰렁하면 영령들도 외로울 것이다. 산등성이에 자리 잡은 개인 묘지만 봐도, 유가족이나 후손들이 자주 찾는 묘지는 벌초도 잘되어 있고, 주변도 깔끔하고 어딘지 생기가 넘친다. 그러나 아무도 찾지 않는 묘지는 잡초에 덮여 있고 누가 봐도 버려진 느낌이 든다.

현충원은 전 국민이 항상 찾을 수 있는 공간으로 혁신해야 한다. 나아가, 전 세계에서 한국을 방문하는 관광객들도 현충원을 찾아 추모는 물론, 문화적 힐링까지 할 수 있는 장소로 재탄생되어야 한다. 그리하여 언제나 생기가 넘치는 공간이 되어야 한다.

그러려면 용산의 '전쟁기념관'을 현충원으로 옮기는 것이 좋겠다는 생각이 들었다. 전쟁기념관이 예전 미군 부대 옆에 있기보다는 우리 전쟁 영웅들이 잠든 동작 현충원으로 이전해 많은 국민과 외국인이 전쟁기념관을 방문하면서 영웅들이 잠든 추모 공간까지 함께 기릴 수 있도록하자는 뜻이다.

현재 전쟁기념관 면적은 약 3만 평 정도다. 현충원은 장병 묘역만 하더라도 4만 평이 넘어 옮기기에는 적격이다. 현충원의 묘역은 이미 납골이 돼 있다. 그러나 국립묘지법에 따라 우리의 영웅들은 잠든 지 60년이 되면 파묘를 해서 이장하도록 되어 있다. 어디로 이장하란 말인가?

이장하기보다는 그분들을 영원토록 현충원에 안장할 방법이 있다. 납골이 돼 있는 묘역을 메모리얼 홀로 만들어 세계적인 아름다운 건물로 세우고, 그 자리에 전쟁기념관을 이전하는 것이다. 용산의 현 전쟁기념관 자리에는 기업이나 신산업 시설이 오도록 해서, 그 개발이익으로 전쟁기념관을 현충원으로 이전할 수 있다는 것이 나의 판단이다. 용산 같은 핵심 토지에는 가급적 반도체나 로봇, AI 등 외국 기업이 포함된 산업이 오도록 해 대한민국의 5년 후, 10년 후를 먹여 살릴 생산지로 만들어야 한다. 전쟁기념관 내부에는 현충원에 잠든 영웅들의 추모 공간과 노량진 전투에서의 모습을 전시해 놓은 공간이 있다. 이런 시설들을 현충원으로 옮기면 일관성도 있고 추모 측면에서도 매우 바람직할 것이다.

전쟁기념관 내부 노량진 전투 모습

　이런 기조 아래 국가보훈부와 동작구는 국립 서울 현충원 재창조 프로젝트를 추진하고 있다. 다행히도 강정애 전 보훈부 장관께서 일상 속 살아있는 보훈, 모두의 보훈이라는 슬로건으로 우리 동작구의 개발 플랜에 동의하시고, MOU까지 체결하며 적극성을 보여 주셔서 이 책을 빌려 정말 감사하다고 말씀드리고 싶다. 현충원을 한국적 특색이 잘 나타나도록 디자인하고 세계 최고의 아름다운 메모리얼 홀로 만들어 세계인들이 앞다투어 찾아오는 추모 공간을 조성하겠다는 것이 내 각오이다.

새로운 게임 법칙을
작동해야

1960~70년대만 하더라도 일제 소니 카세트는 누구나 갖고 싶어 하는 최고의 음향 기기였다. 그런데 지금 누가 카세트를 들고 다니는가? 아무리 시계를 정확히 맞추어 본들 인공위성이 쏘는 시각보다 정확할 수 있을까? 구식 열쇠로는 디지털 도어록을 열 수 없다. 그만큼 현대과학은 눈부시게 발전하고 있다. 그러한 변화에 적응하지 못하면 점점 뒤떨어지고 낙오된다.

세상이 바뀌었다. 새로운 게임 법칙이 필요하다.

우리나라는 2024년 12월, 초고령사회(65세 인구가 20% 이상)에 진입했다.[2] 동작구는 아직 20%에 진입하지는 않았다.

2045년에는 우리나라 인구의 37.3%가 고령층에 이를 전망이다.[3]

저출산, 고령화 문제를 극복하지 못한다면 내일을 기대할 수 있을까? 집에 모시는 부모님의 치매 때문에 자녀들이 출근도 못하거나, 출근한

---

[2] "65세 이상 인구 비중 20% 기록", 《행정안전부 보도자료》, 2024. 12. 24.
[3] "2045년 국내 고령인구 37%, 세계 최고 전망 …… 새 패러다임 필요", 《연합뉴스》, 2024. 12. 11.

다고 해도 부모님 걱정으로 조바심만 가득하다면 무슨 생산력을 기대할 수 있겠는가?

오늘날, 세대 간의 갈등이 심각하다. 젊은 세대와 노년 세대는 서로 다른 시대에 살고 있는 듯하다. 세대 간의 교류와 협력은 고령화 시대에 반드시 고려돼야 한다. 노인의 지혜와 경험이 우리 사회의 중요한 자산으로 작동되도록 해야 한다.

2021년 기준 고령층은 국민 전체 의료비의 43.4%를 차지하며 1인당 연간 약 508만 원을 지출한다고 한다.[4] 장수 시대를 맞아 노인들에 대한 배려가 절대적으로 필요한 시점이다. 노인이 자립적이고 활기찬 삶을 누리며, 사회와 유기적으로 연결되도록 해야 한다. 그래야 미래가 있다.

고령층이 사회와 통합할 수 있도록 하는 포용적 사회를 실현해야 하는 것이다. 그래서 우리 동작구는 효도콜센터를 구축했다. 저출산과 고령화 시대의 사회적 난제를 어떻게 풀어갈지 고민 끝에 고령화 대비를 위한 새로운 설계로 효도콜센터 운영을 시작했고, 지역 내 많은 어르신들에게 혜택을 드리고 있다.

동작은 새로운 게임 법칙이 작동 중이다.

---

[4] "16%인 노인 인구, 전체 건강보험 진료비의 43% 차지", 《청년의사》, 2022. 11. 10.

주민 소통은
공공이 책임진다

어느 편의점 앞, 간이탁자에서 두 남자가 간단한 안주를 놓고 소주를 마시고 있었다.

"내 말이 옳아. 옳다면 옳은 줄 알아!"

"진짜 웃기네. 네 말이 헌법이라도 되냐?"

"야, 이 ××야! 왜 자꾸 깐죽거려?"

"네가 말 같지도 않은 말을 하니까 그렇지."

"뭐? 이 ××가 정말!"

한 남자가 상대편의 얼굴을 향해 술잔을 던졌다. 이어서 두 남자가 죽기 살기로 싸우기 시작했다.

또 우연히 골목길을 걷다가 보니까 두 아이가 뒤엉켜 싸움을 벌이고 있었다. 내가 뛰어가 말릴 겨를도 없이 한 아이의 엄마가 달려 나왔다.

"야, 너희들 왜 싸워?"

아이는 자기주장을 늘어놨다. 그러자 엄마가 다짜고짜 다른 아이의 뺨을 세차게 때리는 것이었다. 뺨을 맞은 아이가 크게 울음을 터뜨리자,

이번에는 뺨 맞은 아이의 엄마가 달려 나왔다. 옛말처럼 '아이 싸움이 어른 싸움'이 된 광경이었다.

예전에는 아이들끼리 싸우면 엄마는 먼저 자기 아이부터 야단쳤다. 하지만 지금은 전혀 아니다. 어떤 이유로 싸웠든 무조건 내 아이가 옳다. '나는 무조건 옳고 상대방은 무조건 틀렸다.'라는 편향된 사고(思考)와 극단주의가 팽배한 것이 오늘날의 풍조다. 이러한 편 가르기는 정치권뿐 아니라 곳곳에 퍼져 있다.

우리나라는 국토 면적이 좁기 때문에 인구가 밀집된 도시에서는 자연스럽게 형성된 주거 형태, 즉 집의 형태로 아파트가 가장 많다. 아파트는 대부분 단지 형태를 이루어 가뜩이나 영남, 호남, 충청 등 지역이기주의가 팽배한 나라에서 또다시 아파트 단지별로 편을 갈라놓게 만들고 있다고 해도 과언이 아니다. 같은 아파트에 거주하는 사람끼리도 잘 모른다. 오랫동안 오고 가면서 낯이 익어 눈인사를 하거나 고개만 약간 숙일 뿐, 서로 아무런 말도 하지 않는다. 현관을 마주하는 옆집에 누가 사는지도 잘 알지 못한다. 그렇게 살면서도 자기 아파트의 이해 상관이 걸린 일이라면 이기주의가 작동해서 옆 단지 아파트와 죽기 살기로 싸운다.

왜 이렇게 살벌해져서 오직 자기만 옳다는 이기주의와 편 가르기가 보편화됐는지 모를 일이다. 같은 아파트 거주자끼리도 잘 모르는데 하물며 인근의 지역주민과 소통할 리가 없다. 어쩌면 '이웃'이라는 동질감이나 일체감이 완전히 사라져 버린 것 같은 세상이다. 이러한 아파트 단지에 소통의 정책이 절대적으로 필요하다는 것이 내 생각이다.

어떡하면 서로 냉랭한 아파트 입주자들과 인근 주민들이 친근한 이웃이 될 수 있을까? 나는 고심하지 않을 수 없었다. 그리하여 마침내 우리 동작구가 도입한 정책이 '아파트 커뮤니티 지원 사업'이다.

이 사업을 한 마디로 줄여 말하면 아파트 입주민과 단지 내외 주민들이 함께 어울릴 수 있는 공동체 문화 정착을 위한 '공동주택 활성화 프로그램'이라고 할 수 있다. 다시 말하면 공동주택(아파트)에 살든, 단독주택에 살든, 벽을 허물고 한 자리에 모여 이웃끼리 화합을 도모해서 상생의 길을 열자는 것이다.

지난해(2024년)에는 공동주택을 대상으로 공모를 실시해 총 9개 단지를 선정하고, 특색있는 아파트 축제를 개최할 수 있도록 단지별 최대 8백만 원까지 지원했다. 그 결과 흑석아크로리버하임 '아리하의 봄 축제', 노량진우성아파트 '한여름 밤 돗자리 야외영화제' 등 단지별로 각양각색의 입주민 축제를 성황리에 마쳤다.

특별한 상생과 화합의 기회에 아파트 입주민들이나 이웃 주민들이 만족도가 매우 높았다고 한다. 그동안 서로 남보듯 하던 사람들이 이러한 마을 축제를 통해 함께 어울려 친목을 도모하며 서로 따뜻하고 친절한 이웃이 되기를 다짐하는 것이다.

축제 현장에 가보면 소규모 지역축제지만 큰 축제보다 분위기가 좋다. 공동주택 입주민들과 이웃 주민들이 가족적인 분위기에서 함께 어울려 쉴 새 없이 대화를 나누고 폭소를 터뜨린다. 그 모습을 보면 흐뭇한 마음이 가슴에 일렁거린다.

'왜 이런 정겨운 행사를 진작에 하지 못했지?'

이런 아쉬움까지 생긴다.

흑석아크로리버하임 '아리하의 봄 축제'

그래서 올해(2025)는 많은 주민의 뜻과 아이디어 등을 모아 주민 화합의 마당을 더욱 확대한다. '찾아가는 커뮤니티 체험 교실'은 아파트뿐만 아니라 빌라 등 소규모 공동주택도 참여할 수 있게 됐으며, 운영 횟수도 단지별 기존 4회에서 6회까지 늘어난다. 큰 호평을 받았던 '아파트 테마 페스티벌'은 단지별로 최대 1천만 원까지 지원하며, 커뮤니티 전문가도 파견해 초기 기획 단계부터 컨설팅을 제공한다.

공동체 활성화를 위해 새롭게 생활밀착형 프로그램도 준비했다. '전부 다(多) 상담버스'를 통해 전문가가 직접 찾아가 법률, 육아, 건강 등 주민들의 궁금증을 해소하고, 이와 연계해 칼갈이, 화분 갈이, 우산 수리 등 생활 속 불편도 해결해 준다.

작은 커뮤니티가 모여 사회를 이룬다. 우리 사회가 더 따뜻해지기를 바라며, 진정한 이웃의 모습을 기대해 본다. 진정한 이웃은 함께 술 마시고, 커피 마시는 사람이 아니라 내가 어려울 때 도와주는 사람이 아닐까? 이런 이웃을 만들기 위해 정치가 필요하고 그래서 구청장, 시장이 필요한 것이리라!

만 원 주택도
있다고요!

청년이 없는 나라는 어떻게 될까?

1인 가구가 절대다수인 요즘 청년들은 자기 월급의 약 30%를 월세로 내며 각종 생활비를 쓰고 나면 저축은 언감생심, 꿈도 못 꾼다고 한다.

'부동산 플랫폼'에 따르면 2024년 12월 기준, 서울 연립 다세대 원룸(전용면적 33㎡이하)은 보증금 1,000만 원, 평균 월세 73만 원에 달하는 것으로 조사됐다.[5]

이와 같은 원인 가운데 하나는 정부가 전세보증비율을 공시가격의 126%로 제한한 것이다. 그러자 임대 공급시장이 초토화됐고 임대인들은 전세를 월세로 전환했으며, 임차인들도 역전세난으로 불안에 떠니니 월세를 선호하는 쪽으로 바뀌었다.

월세 상승은 청년들에겐 더욱 고통으로 다가온다. 이는 청년세대와

---

[5] "12월 서울 원룸주택 월세 73만원 4.4%↓…보증금도 하락", 《한겨레》, 2025. 1. 23.

기성세대 간 자산 양극화를 촉발한다. 아주 많은 청년이 노골적으로 불만을 터뜨리거나 자포자기한 심정으로 엉뚱하게 분노를 폭발시키는 것이 현실이다.

"월급을 한 푼도 안 쓰고 10년을 모아 봤자 내 집도 마련 못 하는데 정말 살맛 안 난다!"

"나, 건드리지 마! 이미 꼭지가 돈 지 오래됐어. 무슨 일을 저지를지 나도 몰라!"

"에이, 어디 가서 한탕 할까?"

"나처럼 젊은 놈이 일하고 싶어도 일자리가 없다니!"

청년들에게 합리적인 월세로 안정적인 주거복지를 누리도록 하고, 내 집 마련의 기회를 주어야 한다. 이를 위해 우리 동작구가 내놓은 정책이 만 원(10,000원) 주택이다. 월세를 만 원만 내면 되는 것이다.

아니, 어떻게 월세를 겨우 만 원만 내면 된다는 말인가? 좀처럼 믿어지지 않겠지만 서울시 자치구 최초로 우리 동작구가 시행하고 있다.

가령 어느 청년이나 젊은 신혼부부가 월세가 50만 원인 주거 공간에 입주했다면 본인은 1만 원만 내고 나머지 49만 원은 동작구에서 지원하는 것이다. 물론 동작구에 사는 청년, 신혼부부 모두에게 그런 혜택을 주기는 힘들다. 선정되는 젊은이가 제한적일 수밖에 없다. 또한 주거 기간 등 몇 가지 제약도 있지만 그 기간에 내 집 마련을 위해 스스로 노력해야 한다.

젊은이들을 위한 이 획기적인 주거정책은 놀라운 반응을 일으켰다. 경제적으로 힘들고 취업도 어려운 청년들, 집이 없어서 결혼도 못 하는 신혼부부들에게 월세가 1만 원이라니? SBS를 비롯한 매스컴의 취재가 이어졌고 이것을 따라 하는 지자체도 등장했다. 좋은 현상이라고 본다.

점차 많은 젊은이, 신혼부부들이 동작구로 이사 오면서 출산율도 높아지고 있다. 합계출산율이 2022년 서울시 자치구 중 19위에서 2024년 8위로 껑충 뛰었다.

신혼부부들은 동작구에 계속 살 수만 있다면 둘째, 셋째도 낳겠다고 한다. 우리나라 전체 지자체에서 동작구를 따라 한다면 모두가 걱정하는 저출산도 자연스럽게 해결될지 모른다.

우리 동작구에서는 만 원 주택을 지속적으로 더욱 늘려나갈 계획이다. 이러한 지원 대책은 그 어느 때보다도 힘들게 살아가고 있는, 우리 사회의 미래인 청년들에게 기성세대 또는 공공에서 반드시 해 주어야 하는 책무라고 생각한다.

기후테크는 미래를 지키는
우리의 의무

　예전에는 공장의 높은 굴뚝에서 끊임없이 검은 연기가 솟아오르는 모습을 보면 흐뭇했다. 마치 우리나라 산업과 경제가 활성화되는 느낌이 들었기 때문이다. 하지만 오늘날에는 환경 오염과 탄소(이산화탄소) 배출이라며 큰일이 난 것처럼 생각을 하기 마련이다.

　우리 인류를 비롯해 지구상의 모든 생명체가 각종 심각한 공해에 시달리며 생명까지 위협 받는 것은 어제오늘 일이 아니다. 이러한 일이 벌어지는 근본 이유를 따져 보면 인구의 급속한 증가, 그리고 가파른 물질문명의 발달이 그 이유라 할 수 있을 것이다.
　이산화탄소 등 각종 온실가스가 하늘을 뒤덮어 지구온난화를 부추긴다. 바다와 강의 오염도 심각하다. 온갖 쓰레기, 특히 플라스틱, 기름 유출이 지나치다. 바닷물고기의 내장에서 툭하면 플라스틱 조각이 나온다.
　최근 보도에 따르면 매년 약 8,500톤의 항생제가 전 세계의 강으로 흘러 들어간다고 한다. 8,500톤이면 전 세계 항생제 소비량의 약 30%에 해당한다.[6] 자연에 방류된 항생제는 박테리아의 내성을 키워 우리 인간과 생태계를 해칠 수 있다.

일상생활에서 직접 피부로 느끼는 가장 심각한 문제는 엄청난 쓰레기 배출이다. 쓰레기의 처리 방법은 매립, 소각 그리고 재활용이 있지만, 어느 하나 쉽지 않다. 쓰레기 매립장은 혐오시설로 해당 지역주민들의 필사적인 반대 시위에 시달리고, 쓰레기 소각은 가연성 물질만 가능하기에 한계가 있다.

그나마 쓰레기를 줄이는 가장 효과적인 방법은 폐기물의 재활용이다. '재활용'은 한 번 사용한 원자재(생산품) 재처리 과정을 통해 같은 용도 또는 다른 용도로 다시 사용하는 것이다. 재활용이 가능한 품목으로는 유리병, 종이, 플라스틱 등이 있으며, 순환경제와 재활용은 기후위기의 해법이자, 최고의 기후테크라고 할 수 있다.

이에 동작구에서는 생활 쓰레기 처리 과정에서 올바른 분리수거와 함께 주민들의 참여 의식을 높이기 위해 획기적으로 '주민수거보상제'를

---

[6] "항생제 8500톤이 매년 강으로 흘러들어간다", 《한겨레》, 2025. 05. 13.

실시하고 있다. 이 보상 제도는 생활 폐기물 가운데 재활용이 가능한 용품을 생활용품으로 보상해 주는 사업이다. 해당 폐기물은 종이팩, 폐건전지, 투명 페트병 등이며 이러한 폐기물을 주민센터에 가져 가면 분량(무게)에 따라 휴지, 새 건전지, 종량제 봉투 등으로 바꿔 준다.

지난 2023년만 해도 종이팩의 경우 38,870kg을 수거했으며, 그에 대한 보상으로 두루마리 화장지 19,435개가 지급됐다. 이후 품목을 확대해 2024년부터는 폐건전지와 투명 페트병도 새 건전지와 종량제 봉투로 바꿔 주고 있다.

이와 같은 자원의 선순환과 재활용 체계 구축을 위해 동작구에서는 인공지능(AI) 재활용품 자동 회수기 '네프론'도 24대 설치해서 운영 중이다. 네프론에는 재활용이 불가한 제품을 분류하는 알고리즘 등이 적용되어 있어서 구민들이 올바른 방식으로 분리 배출할 수 있도록 돕는다. 이를테면 포장지가 붙어 있는 페트병을 넣으면 기기가 투입 불가 자원으로 인식하고 다시 뱉어 낸다.

정확하게 이물질을 다 제거한 캔이나 페트병을 투입구에 넣으면 AI 센서가 인식해서 자동으로 분류, 압착해 수거하고 이후 기기 화면에 전화번호를 입력하면 포인트가 적립된다. 포인트는 품목당 10원이며

2,000포인트가 넘으면 '수퍼빈' 홈페이지 또는 수퍼빈 모바일 앱에서 현금으로 환전해서 사용할 수 있다. 수거된 재활용품은 새로운 자원이 돼서 플라스틱병, 포장재, 섬유 등을 만드는 데 사용된다.

캔과 페트병에 이어 올해(2025)부터는 '재활용 가능 자원 주민수거보상제' 품목에 '아이스팩'(젤 모양, 젤 타입)을 추가했다.

나는 이 보상제를 서울 자치구 최고 수준으로 확대해서 운영하고, 그를 통해 자원 재활용 문화를 확산시키는 데 이바지하려고 한다. 또한 세계 최고 수준의 탄소 포집 업체도 유치해 기후테크를 선도할 계획이다. 앞으로도 쾌적한 도시 환경 조성을 위해 다양한 정책들을 끊임없이 추진해 나갈 것이다.

동작구만의
버스정류장 만들다

삶의 격은 지위나 신분보다 자기 목표를 부지런히 실천하면서 높여진다. 특히 정책을 추진하는 주체자에게는 주어진 정답을 찾는 과정보다 적절한 답을 찾아가는 선택의 연속에서 삶의 격이 결정된다.

2022년 여론조사에서 우위를 점하던 구청장 후보로 사당5동 롯데캐슬 골든포레 아파트 단지를 찾아가자, 많은 주민이 몰려와 질문들을 쏟아냈다.

"박일하 후보님의 공약에는 우리 사당5동 아파트 주민들의 숙원사업인 버스정류장 신설과 횡단보도 설치가 빠져 있습니다."

"우리 롯데캐슬 아파트 주민들을 우습게 보는 겁니까?"

사실 나는 롯데캐슬 아파트 단지의 버스정류장 설치 내용을 파악하고 있지 못했다.

"저는 사당5동 주민들이 올림픽대로나 사평대로 쪽으로 바로 갈 수 있는 도로망 계획을 공약으로 제시하였습니다만……."

"그런 것은 필요 없고 우리 아파트 버스정류장이나 만들어 주세요."

"알겠습니다. 제가 구청장이 된다면 반드시 버스정류장과 횡단보도를 만들겠습니다."

"정치인들은 맨날 선거 때만 되면 하겠다고 해 놓고 공약을 지킨 사람이 아무도 없어요. 2020년부터 주민들이 아무리 간청해도 안 된다고 하는데 어떻게 한다는 건가요?"

"우리가 정치인들에게 한두 번 속아 봐요? 그저 그러려니 합시다."

나는 허언을 하는 사람이 아닌데 달리 설명할 방법이 없어 당선되면 반드시 대책을 만들겠다고만 반복했다. 그리고 이 문제는 구청장에 당선되고 나서 직원들에게 상세한 보고를 받았다. 2020년 4월, 아파트 조합에서 공식적으로 마을버스 정류장을 포함한 교차로 신설을 요구했었다. 이에 구청은 서울시에 요청해 교통영향평가를 받았으나 두 차례 모두 교차로 설치 기준에 부적합하다는 이유로 부결되었다.

통상적으로 교차로는 내리막길에서 종단경사가 3% 이하로 규정되어 있고, 부득이한 경우 7%까지 허용되는데 이곳은 9%의 종단경사 지역이라 설치가 불가능하다는 게 이유였다.

"아니, 여기는 종단경사 규정에 미부합되고 최대 7% 이하를 맞추기 위해서는 도로를 전부 깎아내야 하는데 그런 것도 없이 어떻게 교통영향평가 심의에 올렸나요?"

담당 직원에게 물었다.

"주민들이 요구하니까 서울시 소관 도로라 일단 서울시에 심의를 올려서 해결해 보려고 했습니다."

그런데 문제는 교통영향평가 심의 부결을 안 주민들이 여기서 그치지 않고 다시 2021년 10월, 횡단보도 및 버스정류장 신설에 대해 국민권익위원회와 도로교통공단에까지 민원을 제기했다. 그러나 도로 규정상 설치 불가인 교차로를 신설해 줄 리가 없었다.

현장을 방문해서 면밀히 검토해 보니 이곳의 종단경사를 7% 이하로 만들려면 엄청난 공사비가 소요되는데, 서울시에서 막대한 예산을 투입해 공사를 해 줄 것이라 기대할 수 없었다.

리더의 결정은 단호해야 한다. 담당 직원들을 불러 최종적으로 지시했다.

"이곳은 현재 도로 관계 법령상 교차로 설치가 불가능합니다. 설령 가능하다 하더라도, 주민들이 버스정류장을 이용하려면 최소 수백억 원의 공사비가 소요될 텐데 그렇게 많은 돈을 들여 비탈길에 횡단보도를 만드는 것은 오히려 잠재적 교통사고 발생 위험을 높이는 것이라 생각합니다. 따라서 여기는 보도육교를 놓는 게 타당합니다. 보도육교 이용에 따른 불편은 엘리베이터를 설치해 해소하면 어떨까 싶습니다. 돈이 들더라도 하는 김에 제대로 합시다. 예산은 서울시 도로이지만 구비를 투입해서 먼저 착수하고 나중에 시비를 보충받는 식으로 합시다. 구청장이 직접 아파트 단지를 찾아가서 주민들께 설명드리겠습니다."

우리 직원들은 보도육교는 생각도 못하고 있었던 터라 당황한 표정이 역력했다.

이렇게 해서 2022년 9월, 롯데캐슬 아파트 단지에서 사업설명회를 개최하고 주민들에게 사업 내용을 자세히 설명했다. 주민 중에는 "보도육교는 싫다, 횡단보도를 만들어 달라."라고 주장하는 분들도 있었으나 사실상 횡단보도의 불가능함을 설명하자 최종적으로 보도육교 설치로 결정됐다.

사당 롯데캐슬 골든포레 아파트 앞 엘리베이터가 함께 설치된 보도육교

버스정류장 역시 서울시의 결정과 예산 투입이 이루어져야 했지만, 서울시는 예산 투입 자체에 미온적이었다. 그래서 동작구만의 새로운 디자인으로 버스정류장을 설치하기로 마음먹고 작업을 시작했다. 정류장 건설비용은 마침 우리 동작구 코로나19 진단을 담당하던 '씨젠'이라는 기업과 후원금을 논의하고 있었기에 직접 성동구에 있는 씨젠 기업을 찾아갔다. 그 자리에서 버스정류장의 필요성을 설명드리고 후원을 요청했더니, 씨젠에서 적극적인 환영 의사를 표명했다. 그렇게 첫 번째 버스정류장이 생겨났다.

정책을 수행하는 과정에서 신념을 가지고 행동하면 많은 이들에게 유용하고 편리한 생활을 보장할 수 있다. 소신 있게 행동하며 과업을 일구어 내야 한다.

사당 롯데캐슬 골든포레 아파트 앞 ㄷ,ㅈ을 형상화한 동작구형 버스정류장

정치꾼은 다음 선거를 생각하지만

정치가는 다음 세대를 생각한다.

제임스 클라크

PART 4

박일하는 해결사!

아름다운
인연

사람은 살아가면서 다른 사람들과 이어지는 이런저런 인연이 있기 마련이다. 그러한 인연에는 우연도 있고 필연도 있으며, 좋은 인연도 있고 만남을 후회하는 나쁜 인연도 있다. 그런데 나에게는 정말 아름다운 인연이 있다. 어쩌면 그런 우연한 인연이 나에게 삶에 대한 감사와 겸손을 갖게 해 주었는지도 모른다.

내가 노량진 재수학원에 다닐 때 일이다. 이곳에서 놀라운 우연이 일어났는데, 그 우연이 내 인생에 결정적인 영향을 주는 인연이 되었다. 어느 날, 나는 다른 날보다 일찍이 오후 4시쯤 학원에 도착했다. 강의 시간까지는 여유가 있어 빈 강의실에서 복습하고 있을 때였다. 재수생 한 명이 들어왔다. 그 학생도 자습하려는 것 같았다. 그런데 아니, 이럴 수가? 이런 우연이 또 있을까? 내가 아는 얼굴이었다. 그 재수생이 뜻밖에도 제천고등학교 동창생이었다.

우리 두 사람은 놀라며 반갑게 인사하고 서로 자초지종을 얘기했다.

백인현이라는 이름의 그 친구는 주간반이었다. 그날 이후 우리는 가깝게 지내며 서로 소식을 주고받았다. 그러던 어느 날, 이 친구와 함께 내가 기거하는 신사동의 신문보급소까지 오게 됐다.

보급소 안으로 들어선 친구는 깜짝 놀라며 한숨을 내쉬었다. 어떻게 이런 열악한 환경에서 생활할 수 있느냐며 대입 시험이 3개월도 안 남았으니 시험을 볼 때까지만이라도 당장 자기 집으로 거처를 옮기라고 말했다. 그 친구도 자기 집이 아니었다. 누나의 집이었다.

친구의 누나 부부는 망설임 없이 나를 받아 주었다. 얼떨결에 친구가 사는 집으로 거처를 옮기면서 신문 배달도 몇 달을 쉬었다. 나도 친구처럼 누나 부부에게 누나, 매형이라고 불렀다. 두 분 모두 정말 좋은 분들이었다. 그것도 내 복(福)인가 보다. 낯설고 피붙이도 아닌 나를 아무런 차별도 없이 친구와 똑같이 정성을 다해 뒷바라지해 줬다. 정말 '이웃'인 것이다.

누나 집에서 나는 생전 처음 냉장고를 봤다. 그 당시 충북 제천은 시골과 다름없어서 세상에 잘 알려지지도 않았고, 어쩌다 아는 사람도 제천이라고 하면 시멘트 공장이나 떠올릴 정도였다. 전화가 있는 집도 드물었고, 가전제품들을 완전히 갖추고 사는 사람도 많지 않았다. 그런 곳에서 살다 온 나는 냉장고라는 신기하고 편리한 제품을 처음 보고서 궁금증에 조심스럽게 열어 봤다. 그 안에 사과가 눈에 띄었다. 사과를 먹으라고 해서 꺼내어 껍질과 씨까지 우걱우걱 씹고 있는데 누나가 그것을 보더니 사과는 그렇게 먹으면 안 된다고 나를 가엽게 생각하며 눈시울을 붉혔다. 친구 누나는 그처럼 착한 분이었다.

친구는 성직자가 되려고 신학대학을 지망했고, 나는 대학의 입학금이나 학비를 낼 형편이 안 되기에 학비가 무료인 철도대학을 지원했다. 다행히 둘 다 지원한 대학에 합격했다.

1985년 나는 철도대학을 마치자마자 공무원이 돼서 철도청 산하 부산지방관리청으로 첫 발령을 받아 가게 됐고, 그해 10월 육군에 입대해서 1988년 병장으로 만기 제대했다. 그 사이 친구는 그가 바라던 대로 성직자가 되어 신부 서품을 받았다. 하지만 친구와의 인연은 여기서 끝나지 않았다.

나는 가톨릭 신자여서 성당에서 결혼식을 올렸는데, 주례를 신부가 된 내 친구가 맡았다. 정말 친구와의 뜻깊은 인연이다. 물론 결혼식에 친구 누나 부부도 참석했다. 나중의 일이지만 친구 누나에게 아들이 있는데, 그 아들이 동작구청장 선거 때 앞장서서 적극적으로 나를 도와주었다. 선거운동 차를 운전하며 그야말로 자기 일처럼 헌신적으로 도움을 줬다.

신부님인 내 친구와 친구 누나 부부와의 인연은 참으로 행복한 인연이다. 나에게 큰 도움을 준 이들과의 인연이 없었다면 과연 오늘날의 내가 있을지 의문마저 든다. 내가 살아 있는 동안, 결코 잊을 수 없는 분들이다.

무엇보다 지금 동작구청장이 되어 펼치는 모든 정책을 한마디로 표현하면 '이웃'이라고 할 수 있는데, 이렇게 힘들고 어려울 때 손 내미는 '이웃'을 모토로 삼아 구정을 펼치고 있는 것도 친구 누나 부부의 영향이 크다고 생각한다. 사실 36년간 공무원 생활을 하면서 나는 늘 남을 돕는 일에 방점을 두었으며, 실제로 그렇게 살아왔음을 자신한다.

주먹을 쥐고 있으면
악수할 수 없다

 어려운 도전 끝에 동작구청장이 되었다. 12년 만에 바뀐 '국민의힘' 소속의 구청장에게 지역주민이 바라는 기대는 대단히 컸다.

 "우리 동작구를 제발 좀 발전시켜 주십시오!"

 "변화하는 동작구를 만들어 주세요!"

 "일상 속 불편 사항들이 많습니다. 해결 좀 해 주세요!"

 현장을 돌아볼 때마다 만나는 주민들이 모두 내 손을 부여잡으며 간곡히 부탁을 해 왔다. 그래서 제일 먼저 동작구의 큰 변화를 위한 기틀 마련에 앞장섰다. 그리고 일상 속 소소한 불편을 해소하는 데 집중함으로써 지금은 손에 잡히는 변화, 주민들이 체감하는 변화를 끌어냈다.

 한강을 바라보는 좋은 교통 입지를 바탕으로 일단 도시 외형부터 바꾸는 정책을 실행하기 위해 재개발·재건축 전문 기관인 '대한민국 동작주식회사'를 설립해서 민간개발을 직접적으로 지원했다. 그리고 서울시 자치구 최초로 '도시개발·관리 가이드라인'을 수립해 민간 개발을 하는 이들이 쉽고 빠르게 도시개발을 할 수 있도록 만들었다.

일상 속 여러 가지 걸림돌이 되는 불편 사항들을 하나하나 해결해 나가는 과정에서는 주민들과 적극적으로 소통하며 최대한 의견을 반영하려 노력했다. 그렇게 임기 3년 동안 천여 건의 민원을 처리했으며 지금도 직접 발로 뛰어다니며 현장을 누비고 있다.

무엇보다도 구청장으로서 사무실보다 현장에 나가 동작구의 산소 같은 역할을 하는 주민들의 목소리를 하나하나 경청했다. 10년이 넘도록 해결되지 않던, 골목길 가운데에 떡 하니 자리한 전봇대를 뽑아버렸더니 앓던 이가 빠진 것처럼 통쾌하다는 반응이 쇄도하는가 하면, 비둘기를 쫓기 위해 설치한 경로당의 버드 스파이크로 어르신들의 격한 칭찬까지 들었다.

한때 한 경로당 입구에서 비둘기 수십 마리의 배설물이 지나다니시는 어르신들의 머리나 어깨로 떨어져 곤란에 빠지게 만드는 일이 자주 일어났다.

"구청장님, 경로당 입구에서 떨어지는 비둘기 똥 때문에 힘들어요. 이것 좀 해결해 주실 수 없나요?", "오늘도 머리에 비둘기 똥이 떨어져 고생했어요."라고 하며 어르신들이 고충을 전달해 왔다.

그 즉시 조류 퇴치기인 버드 스파이크를 설치했다. 그랬더니 경로당에 노래방 기기, 냉장고 등의 기기를 설치해 드리거나 도배나 장판 등을 바꾸어 드려도 간단하게 고맙다는 인사만 하던 어르신들이, 내 손을 잡으며 구청장이 최고라고 감사함을 전해 왔다.

비둘기 배설물 민원 관련 경로당

동작구 지도를 바꾸는 큰 기틀 마련도 중요하지만, 사소한 일상의 불편 사항을 해결해 주민들의 행복지수를 높이는 일도 그냥 지나칠 수 없다. 작은 일이나 큰 일이나 그 해결 과정에 담긴 노력과 정성은 크기가 다르지 않다.

시장, 구청장은 주먹을 펴고 이웃이 되어야 한다.

영어의 바다에 헤엄치게 한다

　한국인들은 똑똑하고 머리가 좋다. 나는 세계 최고라고 본다. 그 덕분에 숱한 외침을 극복하고 5천 년의 역사를 꾸준히 이어왔으며, 이 조그만 땅덩어리, 그마저 남북으로 분단된 상황에서도 세계 선진국의 대열에 들어서 있다. 근래에는 K-Pop, TV 드라마 등 우리 예술문화가 전 세계에서 선풍적인 인기를 얻고 있다. 그 바람에 한국을 모르는 외국 사람은 거의 없으며, 한국어를 조금이라도 할 줄 알면 자랑거리가 되고 있다.

　하지만 세계에서 가장 영향력 있고 국제사회에서 가장 많이 사용되는 공용어는 영어다. 안타까운 일이지만 한국인은 영어에 매우 약한 편이다. 언어 구조상 우리말과 영어는 그 체계와 어순이 달라서 쉽게 익숙해지기가 어려운 까닭도 있다. 머리 좋고 똑똑한 한국인이 영어만 잘한다면 모든 분야에서 전 세계에 진출할 수 있다고 생각한다. 우리나라 소설가 '한강'이 노벨문학상을 받은 것도 그녀의 작품들이 너무나 뛰어나기도 하지만, 영어번역가를 잘 만난 것도 한몫을 했을 것이다.

일본도 우리나라와 언어 구조가 비슷하다. 그래서 그들도 영어에 매우 서툴다. 아예 발음부터 제대로 되지 않는다. 그들이 영어를 제2국어로 정하고 일찍부터 영어교육을 강화했다면 플라자 합의를 이겨 내고 지금보다 훨씬 더 탄탄하고 안정적인 세계적 강대국이 되었을지도 모른다. 반면교사가 필요한 이유이다.

'테슬라'의 CEO로 유명한 일론 머스크(Elon Musk)는 남아프리카 공화국 출생이다. 그는 일찍이 미국으로 건너가 현재 자동차뿐 아니라 우주산업 등 거의 손을 안 댄 사업이 없을 정도로 세계적인 갑부이다. 2023년에는 미국 타임(TIME)지가 선정한 '세계에서 가장 영향력 있는 인물 100인'에 선정되기도 했으며, 특히 최근에는 미국 트럼프 대통령의 파트너가 되어서 정치 분야에도 깊숙이 개입하고 있다.

미국 최초의 흑인 대통령이었던 오바마 전 대통령도 아프리카의 케냐가 고향이라고 할 수 있다. 그의 부친이 케냐에서 미국 하와이로 유학와 오바마를 낳았다.

우리 한국인도 영어를 능숙하게 구사하고 일찍이 미국에 진출할 수 있는 환경이 구축되었더라면 일론 머스크나 오바마에 못지않은 사람이 수없이 많이 나왔을 것이다. 우리말과 언어 구조가 다른 영어를 뒤늦게 배우기는 매우 어렵다. 나이가 들면 속된 말로 혀가 굳어져 영어를 익히기 어렵다. 각급 학교에서도 영어가 필수과목이지만 학교에서 10년 넘게 배워도 외국인을 만나면 쩔쩔매는 실정이다. 따라서 어렸을 때부터 영어를 익혀야 한다고 본다.

오랜 공직 생활을 통해 영어의 필요성을 잘 알고 있는 나는 이러한 실정을 개선하기 위해 동작구에 자치구 최초로 '영어 놀이터'를 만들었다. 영어 놀이터는 나의 신념이었다. 따라서 구청장이 되자마자 영어 놀이터를 만들었다. 지금 동작구 사당1동의 영어 놀이터에는 3~4명의 원어민 교사들이 상주하고 있다.

사당1동 영어 놀이터

영어 놀이터는 어린이들이 자유롭게 놀며 일상 속에서 영어를 사용하는 공간이다. 사당1동 지구대에 빈 건물이 있었는데 그곳을 경로당으로 만들어라, 뭘 만들어라, 갖가지 요구가 많았지만, 나는 평소의 소신을 실현하기 위해 영어 놀이터로 만들었다.

어린이집에서는 영어 특화, 원어민 특화교육을 계속 시행하고 있고, 영어 도서관도 만들어 놨다. 영어책 약 1만 3천 권을 소장하고 있는 곳이다. 도서관 지하에서는 어린이들이 뮤지컬 등 각종 공연도 모두 영어로 한다.

어린이들이 일찍부터 영어를 체험하고 생활화해서 영어에 대한 울렁증을 없애고, 성장하면서 해외에 진출해 세계적인 인재로 크는 것이 내 꿈이다. 어린이들이나 부모들의 반응도 매우 좋다. 중앙정부에서도 어린이집·영유아 때부터 영어교육을 시행하기를 희망해 본다. 올해(2025년)는 동작구 상도4동에 두 번째 영어 놀이터가 개장한다.

어린이는
동작에 와야 해!

'어린이는 나라의 보배'라고 했다. 어린이는 우리의 희망이며, 우리나라의 미래를 책임질 세대다. 하지만 저출산이 보편화되면서 어린이가 줄어들어 많은 사람이 걱정하고 있다. 유치원은 원아 부족으로 운영이 어려워지고, 폐교까지 해야 하는 초등학교가 전국에 수두룩하다.

바꿔 말하면 우리나라가 점점 늙어 간다. 우리나라의 평균연령이 45세를 막 넘어섰다. 불과 20여 년 전만 하더라도 '사오정'이라고 해서 각급 직장에서 45세면 사실상 정년이라고 난리였다. 그런데 지금의 45세는 오히려 젊은 측에 들어간다.

지금처럼 저출산, 고령화가 지속되면 생산력이 떨어지는 노인들만 더욱 늘어나고 일을 할 수 있는 젊은이들은 점점 줄어든다. 적은 숫자의 젊은이들이 다수의 노인을 먹여 살려야 한다. 전 세계에는 국민 평균연령이 20대인 국가들도 적지 않은데, 갈수록 고령화 되고 인구가 점점 줄어드는 우리나라의 미래가 무척 걱정스럽다.

그 때문에 정부와 각 지자체에서 온갖 출산 대책을 세우고, 아이를 낳는 가정에는 각종 지원을 해 주고 있으며 다자녀 가구에는 갖가지 혜택도 주고 있다. 물론 출산율을 높이는 이러한 정책들도 국가의 장래를 위해 중요하지만 이미 태어난 어린이들을 건강하고 총명하게 잘 키우는 것도 매우 중요한 일이다.

나는 청년 대책, 노인 대책에 못지않게 어린이 대책도 중요하다는 것을 잘 알고 있었다. 따라서 어린이들이 일찍부터 잘 먹고, 각종 학습 프로그램에 참여해 총명하게 성장할 수 있도록 보호하고 지도하는 것이 어른들의 책임이라고 느꼈다. 구체적으로 동작구의 '어린이집'이 서울 25개 구 가운데 최고의 어린이집이 되도록 하기 위해 적극적으로 실행해 나가고 있다.

예를 들면 기존 1인당 월 13,000원씩 지급되던 어린이집의 식비, 간식비를 월 22,000원까지 늘렸다. 어린이집 선생님들도 아동 학대 등이 발생하지 않도록 인적성 검사를 거친 분들만 채용하며, 채용 이후에는 최고의 예우를 해 주려고 노력하고 있다.

또한 영어·원어민 특화교육을 진행하고, '아이비(IB) 교육 시스템'을 도입하는 등 최고 수준의 학습 프로그램들을 시행하고 있다. 그러자 동작구 어린이집에 대한 입소문이 나서 동작구로 이사 오는 분들이 늘어

나는가 하면 출산율도 높아지고 있다. 또 동작구 어린이집에 근무하던 교사들은 다른 서울 자치구에서 묻지도 않고 채용한다고 한다.

  나도 어렸을 때 어른들한테서 너희들은 나라의 희망이며 우리나라의 장래를 이끌어 갈 소중한 인재들이라는 말을 많이 들었다. 그래서 초등학교 때 또래끼리 모여 앉아 우리들이 무슨 능력이 있어 이 나라를 이끌어 가야 한다고 말하는지 궁금해 했다.

  그때는 한결같이 찢어지게 가난하던 시절이었다. 심지어 많은 어린이가 고등학교도 진학할 가정형편이 못됐다. 농사꾼의 아들은 대를 이어 농사를 짓는 것이 운명이어서 좀처럼 희망을 품을 수 없었다.

  하지만 그 어려운 환경에서도 자기 능력으로 학업을 이어가 학자, 정치가, 사업가, 각종 전문가가 되어 이 나라를 이끌어가고 있다. 두말할 것 없이 어린이는 우리의 희망이며 우리나라의 미래다. 정말 어린이를 잘 키워야 한다. 국가와 사회가 어린이에게는 투자를 아끼지 말아야 한다. 그런 의미에서도 동작구의 어린이집은 자랑거리가 아닐 수 없다. 우리 동작구 어린이집 아이들이 추후 대한민국의 큰일을 할 사람들로 자라날 것임이 분명하다.

전화 한 통으로 OK,
복지 혁신 플랫폼 탄생!

우리나라가 '초고령사회'에 들어섰다. 초고령사회란 65세 이상의 노인인구가 전체 인구의 20%를 넘는 사회를 말한다. 통계청 자료에 따르면 2025년 우리 한국인의 기대수명은 무려 84.5세다.[7] 2025년 100세가 되시는 어르신이 동작구만 해도 24분이나 계시니 그야말로 장수 시대다.

어릴 적 내가 시골에 살던 때만 하더라도 환갑잔치는 결혼식 못지않은 가장 큰 경축 행사였다. 그 무렵에는 60세까지만 살아도 장수하는 것이었으니, 환갑은 그야말로 큰 축복이었다. 하지만 지금 환갑잔치를 여는 사람은 거의 없다. 그냥 조용히 지나가거나 환갑 기념으로 부부가 여행이나 하는 것이 고작이다.

저출산과 고령화가 심화되면서 어린이는 줄어들고, 노인들만 점점 늘어난다. 아파트마다 놀이터가 있지만 어린이들이 뛰노는 모습은 좀처럼

---
[7] 통계청, 「장래인구추계: 2022~2072년」

찾아보기 어렵다. 아파트에서 어린이들이 깔깔대고 웃고 떠들면 층간소음이 된다. 이제는 집마다 조용히 노부부만 살고 있는 경우가 많다.

평생 공무원 생활을 하면서 정년이 가까워졌을 때, 퇴직한 뒤를 걱정하지 않을 수 없었다. 무엇보다 노후 생활 대책이 큰 걱정이었다. 주변에는 혼자 사는 독거노인들도 많았고, 궁핍한 생활을 하는 노인들도 많았다. 우리나라 노인 빈곤율은 OECD 30여 개 국가들 가운데 최상위에 속한다.[8] 자녀를 적게 낳는 시대에 살아 대개 자녀가 한 명 또는 두 명뿐이고, 그마저도 여러 가지 이유로 자녀와 단절하고 어렵게 살고 있는 노인들이 많아 과거처럼 자녀의 봉양을 기대하기도 힘들다.

나는 공무원이었기에 모아 놓은 돈, 이른바 '노후 자금'도 없었을 뿐 아니라 매우 연세가 많은 아버님까지 모시고 살고 있었다. 어떻게 퇴직 후의 여생을 살아갈 것인가를 고민하고 있는 건 나뿐만이 아니었다. 거의 모든 국민들이 퇴직한 뒤의 노후생활을 고민하고 있다. 국가에서도 노인복지 대책에 최선을 다하고 있지만 미미하다. 국민연금도 직장 생활할 때 자신이 매달 납부한 액수에 비례하기 때문에 역시 푼돈에 불과한

---

[8] 통계청 국가통계연구원, 《한국의 SDG 이행보고서 2025》, p.19

경우가 대부분이다.

 공무원으로서의 습성 때문인지 나뿐만 아니라 국민이 노후에도 가난, 질병, 외로움 등에 시달리지 않고 안정적인 생활을 할 수 있는 대책은 없는 것인지 고민하다가 내가 앞장서서 그러한 현실을 바꿔 보자고 결심했다. 그것이 내가 구청장에 나선 큰 이유 중 하나였다.

 샐러리맨이나 공무원이나 '재직할 때 무엇을 했고, 무엇을 잘했다, 이런 큰 실적과 성과를 올렸다'는 것이 퇴직할 때쯤이면 아무 소용 없어지는 게 현실이다. 정말 열심히 일만 하고 살았는데 퇴직하고 나면 또다시 먹고살 걱정을 해야 하는 세상이다. 더욱이 요즘 자녀들도 취업이 안 되고 결혼도 못하다 보니, 나이가 40이 돼도 부모에게 의지하고 사는 경우가 있다. 노동력도 없고 신체가 노쇠한 노인들을 국가에서 보살펴야 하는데 그것이 원만하지 못하다.

 따라서 나는 구청장에 취임하면서 어려운 노인들을 보살피기 위한 정책 중 첫 번째로 '1899-2288' 콜 번호로 전화하는 '효도 콜센터'를 만들었다. 할 일이 너무 많았다. 일상생활 지원, 세탁, 병원 안내, 효도 주사, 잔치, 택시, 한방 의료, 장기 요양 매니저, 장수 축하품, 잔칫상 대여 등 어르신들의 복지지원을 위한 갖가지 사업을 효도 패키지로 묶어 구체적인 방안들을 갖추어 놓고 언제든지 이용할 수 있도록 널리 알렸다. 즉, 은퇴 이후는 동작구가 돌봐 드린다는 믿음을 불어넣고 있는 것이다.

효도 콜센터는 얼핏 보기엔 사소한 일이어도 어르신들에게 도움이 되는 것이라면 무엇이든지 해결해 드리려고 최선을 다한다. 가령, 에어컨이 고장 났다, 형광등을 교체해야 한다, 하수도가 막혔다, 수도가 고장 났다, 문고리가 고장 났다, 무거운 가구들을 옮겨야 한다 등 일상생활에 불편이 있을 때, 전화만 하면 우리 직원들이 달려가서 문제를 해결해 드린다. 무척 편리해서 어르신들의 전화가 쏟아지고 담당 직원들은 늘 정신없이 바쁘다. 일손이 모자라서 관련 직원들을 필요한 숫자만큼 따로 뽑아 일자리 해결에도 도움을 줬다.

그리고 어르신들은 병원을 왕래할 때 택시를 이용하는 경우가 많은데 택시 잡는 게 여간 어려운 일이 아니다. 그럴 때 콜센터에 전화만 하면 택시가 어르신 집으로 달려가서 병원까지 모셔다드리고, 또 병원에서 집으로 모시고 온다. 동작구에 거주하는 65세 이상 어르신이라면 서비스를 이용할 수 있다.

또 대다수 어르신은 지병을 가지고 있다. 당장 급한 질병은 아니지만 매일 온갖 약과 한약을 복용하는 어르신들이 많다. 허리가 아프고, 목이 아프고, 지병이 도지거나 몸 상태가 너무 안 좋을 때, 콜센터에 전화하면 한의사가 어르신 집으로 찾아가 침도 놓고, 부항도 떠드린다.

세탁기가 있든 없든, 이불이나 커튼 등 무거운 빨래는 어르신들이 직접 하기 힘들다. 그럴 때 전화하면, 우리 직원이 찾아가서 수거해 깨끗이 세탁한 뒤에, 집에 가져다 드린다.

'효도 주사'도 있다. 동작구에 거주하는 70세 이상의 어르신은 비싼 대상포진 주사를 공짜로 맞는다. 일반적으로 병원에 가면 15~17만 원인데 동작구에서는 공짜다.

또 고령, 질병 등으로 장기요양보험 서비스가 필요한 어르신들을 위해 '효도 장기요양 매니저'도 운영한다. 요양 등급 신청부터 병원 동행, 등급 확정까지 모든 절차를 원스톱으로 관리해 준다.

아울러 외로움을 느끼지 않게 90세 이상 어르신들에게는 효(孝) 잔치를 베풀어 드리고, 예순, 칠순, 팔순을 기념하는 어르신들에게는 효도 잔칫상, 즉 특별한 잔칫상을 보내 드린다. 100세를 맞은 어르신에게는 30만 원 상당의 장수 축하품도 드린다.

효도 콜센터의 이처럼 현실적이고 다양한 프로그램에 주민들의 반응은 뜨겁다. KBS-TV <6시 내 고향>이라는 프로그램에서 특별히 보도하는 등 그야말로 유명세를 치르고 있다. 하지만 여기에 만족하지 않고, 어르신 전용 헬스장과 필라테스장도 개장했다. 강제로 어르신들을 모셔와서 강제로 교육을 시켜드릴 생각이다. 어르신들이 자꾸 넘어지셔서 낙상에 따른 피해가 너무 크기 때문에 방치하면 사회적 비용이 따를 것이다. 작년 우리 보건소에서 어르신 낙상 방지를 위한 프로그램을 시행했었는데, 교육을 시작하고 얼마 되지 않아 어르신 한 분이 지팡이를 들고 오셨다가 지팡이를 놓고 그대로 혼자 걸어가셨다. 이 모습을 보고 '이제 어르신들을 강제로라도 모셔다가 교육을 시켜 드려야겠다'는 확신을 가졌다.

동작구는 앞으로도 다른 지자체는 흉내도 못 낼 어르신 돌봄 프로그램을 계속해서 만들 계획이다.

공공목욕탕이
건네는 질문

"공공목욕탕? 이게 대체 무슨 얘기야?"

화장실 겸 목욕시설이 없는 집은 거의 없다. 아파트는 말할 것도 없고, 단독주택들도 아주 옛날에 지은 고택이 아니면, 모두 목욕시설을 갖추고 있다. 그런데 공공목욕탕이라니, 무슨 헛소리냐고 의아해 하는 사람들이 있겠지만 내가 말하는 공공목욕탕은 대형 사우나를 의미한다.

집에서 하는 목욕은 간단하고 가벼운 일상적인 샤워 수준의 목욕이다. 하지만 사우나의 열탕, 찜질방, 한증막 등에서는 느긋하게 땀을 흘리고 노폐물을 뺄 수 있다. 또 잠을 푹 잘 수 있는 수면실도 있고 넓은 휴식 공간도 있다. 이런 곳에서 목욕을 해야 피로도 풀리고 몸이 가뿐해진다.

그런데 상도1동에는 이런 대형 사우나 시설이 아직까지 없다. 그래서 예전부터 '민주당', '국민의힘' 할 것 없이 공약에 공공목욕탕 설치를 반드시 포함해야 한다는 의견이 많았고, 나 역시 주민들을 위해 공약으로 내세웠다.

이 지역의 아파트들은 대부분 건설된 지 20년이 넘다 보니 요즘 신설되는 대단지 아파트처럼 수영장이나 사우나 시설이 없다. 그나마 동네에 작은 대중목욕탕이 있더라도 입장료 1만 원을 받아서는 에너지 비용을 감당하기 어려워 운영이 안 되니까 문을 닫는다. 어쩔 수 없이 상도1동 주민들은 목욕하러 관악구까지 가시는 일이 많았다.

이렇게 불편한 상황이 계속되니 이 지역주민들은 대형 사우나 설치가 간절함이 됐고 그에 따라 지난 정부에서는 구청 땅에 서울시, SH(서울주택도시공사)에 의지하여 임대주택을 짓는 대신, 지하에는 수영장, 사우나 시설을 설치하기로 되어 있었다.

'아, 그럼 내가 구청장이 되면 공사만 하면 되겠구나.'라고 생각했다. 그러나 구청장이 되어서 도면을 살펴보니 가관이었다. 임대주택 지하에 설치하겠다는 수영장은 기둥과 벽이 많아 답답하고, 층고도 낮아 개방감이 전혀 없었다. 뿐만 아니라 환기와 채광이 제대로 되지 않는 구조라 습기가 가득찰 게 뻔했다. 사우나 역시 별반 다르지 않았다. 면적은 좁고, 남녀 사우나가 같은 층에 있어 개인 프라이버시 침해 의견도 나올 법 했다.

"아니, 이게 뭐야? 아무리 구청 예산이 없어도 그렇지, SH의 힘을 빌어 임대주택 지하에 이렇게 목욕탕을 짓는다고?"

이런 수준으로 공공목욕탕을 짓는 것은 도저히 용납할 수 없었다.

그런데 더 어이없는 것은 이런 수준의 시설에 동작구가 앞으로 최소 120억 원 이상의 예산을 추가로 투입해야 하는 상황이라는 점이었다. 당시엔 우리 구청 공무원들이 생활SOC 사업으로 중앙정부에 요청해서 50억 원을 받아온 것이 전부였다.

"저희가 고생해서 겨우 지원받은 것인데, 앞으로 구청에서 매년 20억, 30억씩 넣어도 몇 년이 걸리니 난감합니다, 청장님!" 우리 직원들이 말했다.

더욱이 120억 원 이상의 엄청난 예산을 투입하는데 제대로 된 사우나, 수영장을 만들어야지 임대주택 지하에 이런 식으로 지을 수는 없었다. 이렇게 만들면 주민들에게 욕만 먹을 것이 뻔했고, 예산을 매년 투입한다 해도 내 임기 4년 안에 완공된다는 보장도 없었다. 그래서 다른 방법을 찾아봤다. 구청 땅을 찾아서 민간에게 제공하여 개발하게 해 주는 대신 목욕탕을 짓게끔 하는 기부채납의 방법을 모색했다.

보건소 터에 구청 땅 700평이 있었다. 이 자리에 공유재산법에 따라 민간이 투자해서 99년을 임대하도록 하고, 그 대신 기부채납으로 사우나, 목욕 시설을 만들어 주는 조건을 걸어 입찰공고를 내고 사업자를 뽑았다.

우리 동작구에도 서울시에서 통합인사로 근무하는 기술직 공무원들이 있어 나의 계획을 잘 이해하고 성취를 위해 함께 노력해 주었다.

"서울시와 협의해서 이것을 30층, 40층으로 짓고 지구 단위로 인가받아 초고령 사회에 맞추어 실버타운으로 만들면 좋겠습니다."

"그게 바로 내가 원하는 겁니다. 그런데 서울시 인허가 문제가 걸림돌입니다. 아무래도 오래 걸릴 것 같은데……."

"저희가 서울시에 들어가 책임지고 설득해 보겠습니다."

기술직 공무원들과 의기투합했다. 그리하여 서울시와 계속해서 층수 높이는 문제에 대해 논의를 해 왔고, 긍정적으로 진행되는 것 같았다. 하지만 한 가지 간과한 점이 있었다. 기술직 공무원들이 서울시의 인사이동에 따라 자주 교체되면서 원활한 진행이 어려웠던 것이다. 25개 구청과 서울시와의 이런 고질적인 문제는 반드시 개선되었으면 한다. 구청장 능력으로 어쩔 수 없는 일이지만 나의 공약이자 주민들에게 꼭 필요한 시설을 포기할 수는 없다. 안 되면 되게 해야 한다. 현실에 대해 투정만 부리고 있을 수는 없다. 현재 서울시 인허가 사항이 아닌 구청장의 재량이 허락하는 범위에서 건물을 짓고 여기에 수영장, 사우나를 빨리 만들기 위해 차선책으로 추진하고 있다.

수영장과 사우나 모두 지상층에 배치해 자연 환기와 채광이 가능하도록 하고, 층고를 높이는 동시에 기둥 배치를 최소화해 개방감을 극대화하려 한다. 또한 사우나는 남녀 층을 분리해 프라이버시를 보호할 계획이다. 구청이 이런 공공 건물 지을 예산도 없고, 민간투자 방식을 적용한다면서 각종 인허가에 가로막혀 추진하지 못하게 되는 것은 참으로 안타깝고 자존심 상하는 일이다. 무슨 일이 있더라도, 어떠한 반대 상황에 직면하더라도 반드시 성공시키겠다는 마음이 크다.

곧 공공 호텔식 사우나, 수영장을 보게 될 것이다.

공공목욕탕·수영장 조감도(안)

사람과 문화예술이 만나
빛나게 될 도시

　전통문화든, 현대예술이든 문화에는 그 나라와 그 민족의 정체성, 국민성, 예술성 등 영혼과 삶이 고스란히 깃들어 있다. 그 때문에 깊은 산속에 사는 소수민족일지라도 자신들의 전통문화를 잊히지 않으려고 노력한다. 마찬가지로 우리도 선조들이 물려준 눈부신 문화를 영원히 계승해야 하는 의무가 있다. 이를 위해서는 끊임없이 각종 공연을 통해 문화예술을 더욱 활성화해야 한다. 그런데 아쉽게도 동작구에는 '예술의 전당'과 같은 제대로 된 문화예술 공간은 물론이고, 마땅한 공연장조차 전혀 없다. 내가 동작구청장이 됐을 때, 주변에서 이런 소리가 들렸다.

　"우리 구청장은 도시개발 전문가여서 동네를 확 바꾸는 일은 잘할 것 같은데 문화예술 쪽은 좀 떨어지는 것 같아 그게 걱정이다."

　그래서 그런 걱정을 하는 분들에게 말했다.

　"제가 문화예술 분야의 전문가는 아니지만 뮤지컬이나 오페라 같은 각종 공연을 할 수 있도록 공연장 등 인프라를 구축하는 것은 제일 잘하는 일입니다."

말하자면 문화예술의 하드웨어와 소프트웨어를 모두 만들겠다고 약속한 것이다. 그에 따라 지금까지 동작구에서 흔하지 않던 뮤지컬 공연이나 서울시립교향악단을 초빙하는 등 잇따라 문화예술 공연행사를 개최했으며, 지금도 계속하고 있다. 그러다 보니 우리 동작구의 정체성을 문화예술의 도시로 만들자는 결심을 하게 됐다. 기부채납으로 미술관도 신축하고, 1,000석 규모 이상의 공연장을 만들어 오케스트라도 공연할 수 있게 하고, 소극장도 많이 만들어서 연극 공연도 하고, 각 동에 1개 이상의 상설 공연장을 조성해 구민들이 대학로처럼 언제든지 공연을 관람할 수 있도록 하고 싶다.

다른 지역보다 출발은 늦었지만, 나의 추진력을 믿는다. 지나치게 과감하고 규모가 큰 문화예술 사업을 추진하다보니 사상누각, 그냥 공염불에 그치는 것이 아니냐는 우려도 있지만, 반드시 실현될 수 있도록 힘껏 추진하고 있다. 동작구를 전국에서 손꼽는 문화예술 도시로 발전시키고, 항상 갖가지 문화예술축제가 펼쳐지는 도시로 구현하는 것이 나의 꿈이다. 현재 노량진 지역에 1,700명 이상 수용 가능한 공연장을 추진하고 있는데 3~4년 후에는 그 모습을 실제로 볼 수 있을 것이다. 서울에서 보기 드문 명품 공연장을 만들 계획이다.

나도 이제
청년 구청장

    동작구에는 'S클래스'라는 교육 프로그램이 있다. 서울대생들을 주기적으로 초청해서 동작구 학생들과 만남의 자리를 만들어 주는 프로그램이다. 고등학생들은 특히 대학 진학을 위해 최선의 노력을 다하고 있으며, 상당수는 서울대학교 등 일류대학에 진학하는 것을 목표로 삼고 있다. 하지만 좋은 대학에 합격하려면 어떻게 공부를 해야 할지 막연함을 느끼는 경우가 많다. 따라서 서울대학교 재학생들이 자신의 경험을 들려준다면 고등학생들에게 큰 도움이 될 것이다.

    청소년은 국가의 미래이자, 우리나라를 이끌어 갈 역군들이다. 동작구는 이러한 청소년들을 돕기 위해 갖가지 계획들을 수립하고 그 실천에 앞장서고 있다. 현재 동작구는 청소년 지원 대책과 그 이행률에서 전국 지자체 중에서도 상위를 차지하고 있다.

    세계적으로 지도자들이 점점 젊어지고 있다. 30, 40대가 대통령 또는 최고 지도자가 되는 것은 예사로운 일이다. 그런 의미에서 젊은이들에게 자신의 꿈을 실현할 수 있는 기회를 제공하고 실질적 역량을 강화할 수 있도록 우리 동작구에서는 과감히 선도적으로 '청년 구청장 제도'를 도입했다.

2023년, 서울에서 처음이자 전국 최초로 도입된 이 제도는 구청의 조직도에서 착안해서 분과를 구성하고, 동작구 청년들 가운데 15명을 뽑아 구청장의 지위를 부여한다. 이렇게 구청장이 된 청년들은 동작구의 각종 청년정책 수행 과정을 모니터링하며 참신한 정책들을 제안한다. 이들이 진행하는 '청년 토크쇼'에는 구청장인 나도 직접 참여해서 함께 토론한다.

이 제도는 매우 큰 호응을 얻고 있다. 예컨대, 청년 구청장들이 펼치는 청춘 토크쇼에서 가장 크게 쟁점이 된 것은 동작구의 주요 시책인 '청년 주거지원'이었다. 취업하고 월급을 한 푼도 쓰지 않고 10년 이상 저축해도 서울에서 내 집을 마련하기 어렵다. 이러한 안타까운 실정을 모른 척할 수는 없었다. 그래서 청년 구청장들과 함께 '월세 1만 원의 청년 주거지원'제도를 만들었다. 이 외에도 '매달 6만 원의 식비 지원', '청년문화 생활비 지원', '자격증 취득 응시료와 축하금 지원' 등 청년들을 위한 정책도 발굴했다.

지난해(2024) 4월, 조선 세종 시대 양녕대군의 터전이었던 상도동에 '양녕 청년주택'이 개소했다. 동작구가 직접 건립한 이 주택은 연면적 3,229㎡, 지하1층~지상5층 규모로, 총 36세대를 포함해 청년 특화 시설, 주차장 등 다양한 편의 시설을 갖추고 있다. 이곳의 월세는 겨우 1만 원이다. 가령 월세가 40만 원이라면 나머지 39만 원은 동작구의 출자기관인 '대한민국 동작 주식회사'의 수익금을 지정예탁금으로 활용해서 차액을 지급한다.

이 주택은 한 번 입주하면 안정적으로 4년 동안 살 수 있다. 현재 입주해 있는 미혼 청년, 신혼부부가 입주 4년이 지나거나 자기 집을 마련해서 나가면, 그만큼의 다른 청년들이 또 입주하게 된다. 만 원 주택은 앞으로 계속해서 늘려 나갈 예정이다. 이와 함께 올해는 청년 1인 가구와 신혼부부를 대상으로 '청년 월세 지원 사업'도 추진하고 있다. 특히 신혼부부에 대한 지원은 자치구 차원에서 처음이다.

매달 6만 원의 식비 지원도 큰 호응을 얻고 있다. 역시 동작구가 전국 최초로 실시하는 사업이다. 미취업, 실업 등으로 경제적 어려움을 겪는 청년들이 매우 많기 때문에 동작구는 이들의 경제적 부담을 조금이나마 덜어 주고자 매달 식비 6만 원을 동작사랑상품권으로 지급한다.

동작사랑상품권으로 지급하는 이유는 지역의 소상공인들과 지역 경제도 함께 살리기 위해서이다. 일거양득의 효과를 기대하는 것이다. 2025년 초, 아직 취업하지 못한 동작구의 1인 가구 청년들 가운데 500명을 추첨했는데, 지원자가 무려 1,382명이나 몰릴 정도로 반응이 뜨거웠다.

자격증 취득을 위한 응시료 및 축하금 지원과 문화 생활비 지원 역시 청년들을 위한 사업이다. 본인의 노력으로 어떤 자격증을 땄을 때 축하금까지 받으면 큰 보람과 기쁨을 느낄 것이다. 그것은 청년들이 성실하고 의욕적으로 자신의 미래를 개척하는 데 큰 도움이 된다. 그런 생각으로 청년 정책들을 구상했다. 그에 따라 지난해, 자격증·어학시험 응시료 뿐만 아니라 전국 최초로 취득 축하금과 취업 성공 축하금까지 지급해 미취업 청년 약 1,600명의 구직활동 비용 부담을 덜어 줬다. 올해는 지원 대상을 1,700명으로 확대했다.

문화 생활비 지원은 올해 시작한 사업으로 공모를 통해 상반기, 하반기 각 500명씩 모두 1,000명에게 도서 구매, 영화나 공연, 각종 전시회 관람 시 자유롭게 사용할 수 있도록 10만 원씩 지급한다.

이러한 사업들은 청년 구청장들과의 토크쇼에서 모두 열띤 논의를 거쳤다. 아울러 청년 구청장들은 다양한 아이디어를 내놓으며 동작구 청년들을 위해 시도해 볼 만한 여러 사업을 제안했다. 하나같이 기발해서 나부터 놀랐다. 이를테면 동작구의 개발과 각종 정비사업에서 공공기여를 활용한 청년 공간 마련, 빵도동 축제 등 끝이 없었으며 그들에게서 아이디어를 얻은 학생 정책 아이디어 리그, 군 복무 상해보험 등은 곧바로 실행에 옮겨 현재 사업이 진행 중에 있다.

동작구는 전국 지자체 최초, 서울 최초 등의 수식어가 붙은 청년 정책들이 많다. 마이너스 성장 시대에 일자리, 결혼, 주거 등 어느 하나 마땅치 않은 청년들에게, 기성세대가 이런 현실을 만든 책임을 느끼며 무조건 도와주어야 한다는 나의 신념이 조금씩 실현되고 있기 때문이다. 또한 이는 청년 구청장 제도를 통해 청년들과 격의 없이 소통해 온 결과라고 할 수 있다.

사람들의 생명과 행복을
파괴하는 것이 아니라,
그것들을 소중하게 여기는 것이
좋은 정부의
가장 중요하고 유일한 목적이다.

토머스 제퍼슨

PART 5

우리 동네 동작구를 꽃피우는 길!

우리나라
최초의 철도역

노량진역은 1899년에 개통된 인천역에서 노량진역까지 이어진 경인선의 종착역으로 우리나라 최초의 철도역이다. 그다음 해 한강철교가 개통되어 서울역까지 이어지면서 중간역이 됐다. 인천과 노량진을 잇는 경인선 철도가 처음으로 부설됐을 때, 이 공사에 투입된 일본인들이 가장 많이 거주했던 곳이 동작구 상도1동이었다. 그래서 상도1동에는 그들이 살던, 이른바 '적산가옥'이 많았다.

아무튼 우리 철도의 역사가 깃든 자랑스럽고 유서 깊은 노량진역은 서울역처럼 철도 역사박물관으로 남을 가치가 있는데 아직 철도역도 제대로 개량이 안 된채 노후 철도역으로 방치되고 있는 실정이다.

오히려 유서 깊은 역사에 어울리지 않게 현재 많은 문제를 안고 있는 철도역이기도 하다. 2003년 민간 자본으로 운영되는 민자역사가 되었는데, 역을 운영하던 '노량진 민자역사 주식회사'가 큰 곤경에 빠졌다.

우리 철도에는 서울역, 영등포역처럼 '민자역사'라는 것이 있다. 민자역사는 운영권을 민간이 분양받아 30년간 운영하고 기부채납을 하도록 되어 있는 철도역을 말한다. 영등포역에 백화점이 있고 그 밑으로 철도역이 있는 것도 그 때문이다.

노량진역도 그와 같이 민자역사로 개발하려고 했는데 운영권을 받은 사업자가 여러 사람에게 분양 대금을 받은 후 속된 말로 '먹튀'를 했다. 그 바람에 노량진역 민자역사 사업이 파산됐다. 청산법인이 들어서서 뒤처리를 했는데, 20년이 넘도록 아직 확실한 마무리를 못 하고 있다.

노량진역은 지금처럼 마냥 방치될 그런 역이 절대로 아니다. 이곳은 지하철 1호선과 9호선을 갈아타는 역이자, 목포나 부산 등에서 올라오는 열차가 멈추는 역으로서, 철도 교통의 매우 중요한 요지이다.

나는 국토교통부 철도정책과장을 역임하며 우리나라 민자역사들을 총괄했었기 때문에 노량진역의 문제는 누구보다 잘 알고 있었다. 그래서 이것을 내 손으로 직접 해결해 보고 싶은 마음이 크다. 현재 노량진 민자역사는 법원에서 기업회생이 인정되어 재개발을 준비하고 있다. 우리 동작구에서 상당한 상징성을 갖는 노량진역, 이곳에 60층짜리 민자역사를 만든다면 한강이 보이는 멋진 역이 될 것이 분명하다. 반드시 노량진 민자역사 정상화를 도모할 것이다.

9호선 급행열차, 흑석역 정차해야

흑석역에 지하철 9호선 급행열차가 정차하는 문제는 흑석동 발전에 핵심이라고 본다. 지금 급행열차가 동작역에는 정차하지만, 정작 필요한 흑석역에는 안 선다. 관계자들은 동작역에 정차하면 됐지, 왜 한 정거장 사이에 또 정차하느냐고 항의한다.

그러면 삼성역과 종합운동장역은 한 정거장 차이인데 두 정거장 모두 왜 급행열차가 정차하는가? 타고 내리는 사람이 많으면 자연스럽게 급행열차를 세우게 되어 있다. 이를테면 흑석동의 원불교 옆에 디즈니랜드가 생긴다면 수많은 사람이 몰려들 텐데 흑석역에 급행열차를 안 세울 도리가 있을까? 내가 그렇게 이야기하면 어찌 됐거나 지금 디즈니랜드가 없지 않냐고 반문한다.

"제가 디즈니랜드 같은 것을 만들어 놓겠습니다. 그러면 급행열차가 자동으로 서게 되어 있습니다. 제가 반드시 급행열차를 정차시키겠습니다."

그것뿐이 아니다. 중앙대 병원에 오는 환자나 가족들은 한 번 오려면

15분 간격의 지하철역에서 길게는 20여 분을 기다려야 한다. 그것을 5분에 한 번 오도록 만들자는 것이다. 또 중앙대와 숭실대의 그 많은 학생들도 급행열차를 타고 통학할 수 있게 해 주어야 한다.

이유는 또 있다. 흑석동의 현충로는 현재 6차선이다. 러시아워에는 무척 혼잡하다. 한쪽은 한강이고 다른 한쪽은 주택이라 도로를 확장할 수도 없다. 이 도로의 교통을 철도로 전환하는 것이 혼잡을 막는 최선이다. 교통 공학적으로도 그러하다.

그러한 이유들로 흑석역에 급행열차를 정차시키겠다고 공약을 한 것이다. 하지만 서울시에서는 현재의 상태에서 급행열차 정차역을 추가로 지정하는 건 어렵다고 판단하는 것 같다.

그러나 어렵지 않다. 왜냐하면 지하철 9호선의 민자역사 사업자가 열차 운행 시간표, 즉 '열차 다이얼'을 짠다. 그는 사업가니까 흑석역에 급행열차를 세워 더욱 수익을 올리는 것이 좋다. 급행열차를 정차시키면 운행 시간이 좀 더 늘어날 수 있으나, 열차 다이얼을 조정하면 전체 운행 시간에 차질 없이 급행열차를 흑석역에 정차시킬 수 있다는 것이 내 판단이다.

흑석역 부근은 오세훈 서울시장이 추진하는 수상버스의 최적지이다.

수상버스에서 내리면 1~2분 만에 흑석역을 이용할 수 있다. 여기에 급행 열차가 정차한다면 최고의 환승역이 될 것이다. 아울러 흑석역은 현재 나경원 국회의원의 주도로 서울 내부순환 급행철도도 추진 중인데다가 여기에 UAM(urban air mobility), 택시, 버스정류장까지 만들어진다면 흑석동이 한강 변의 교통 요지로 탄생할 것이 분명하다.

  게다가 세계적인 수변공원까지 있다면? 한강 고수부지와 흑석역이 가까이 붙어있어 전 세계인들이 찾는 관광명소가 될 수 있을 것이다. 나는 지금도 온갖 아이디어와 지혜를 쏟아 흑석동을 세계적인 랜드마크로 만들겠다는 부푼 꿈에 차 있다.

누구나 살고 싶어 하는 곳으로

동작구는 서울의 중심지에 위치해서 서울 어느 곳을 가든, 동작구를 통과해야 하는 경우가 많다. 게다가 한강을 끼고 있어 풍광이 정말 아름답다.

제1한강교 인근에 '용양봉저정'이라는 문화재가 있다. 조선조의 정조가 부친 사도세자의 묘를 참배하려고 화성으로 행차할 때 잠시 이곳에 머물며 휴식을 취했다는 일화가 남아 있는 곳이다. 용양봉저정 위에는 현재 동작구에서 운영하는 카페가 있다. 이 카페 앞에서 한강 쪽을 바라보면, 세상에 이렇게 아름다운 풍광이 있을까, 어쩌면 서울에 이처럼 멋진 곳이 있을까 하는 감탄이 저절로 나온다.

용양봉저정 바로 옆에 마크힐스라는 고급 아파트가 있다. 유명 연예인이 거주했던 적도 있는데, 80평형 16가구가 있는 최고급 아파트이다. 시가 100억 원이 넘는 곳도 있다. 우리나라 아파트에 무슨 뷰(view)가 붙으면 가격이 다른 아파트보다 훨씬 비싸진다. 이곳이야말로 대표적인

'리버뷰(River view)' 아파트다.

지금은 그 일대에 작은 아파트들이 많이 들어서 있지만, 동작구의 어느 곳에서나 한강이 잘 보여서 대부분 '리버뷰'다. 세계 불꽃놀이 축제도 아주 잘 보인다. 따라서 이곳을 세계 최고의 주거·문화·교육 도시로 탈바꿈시켜 동작구의 지도를 바꿔보자는 것이 내 목표이다.

이런 것을 해 보고 싶어 구청장에 도전했다. 용양봉저정 옆에는 '마크힐스'와 같은 최고급 아파트도 있지만 달동네도 있다. 아니, 어떻게 지금도 서울에 이런 달동네가 있을까 하고 놀랄 정도로 낙후된 초라한 곳이다. 그런데 이곳은 공공개발의 진행과 함께 그것에 반대해서 민간개발을 하려는 사람들이 있었다.

나는 한강 전망이 이렇게 멋진 곳을 공공개발 한다는 것을 믿을 수가 없었다. 나는 이곳을 미국 LA의 베벌리힐스처럼 엄청나게 비싼 주택단지로 만들고 싶어졌다. 따라서 4~5층짜리 건물을 짓더라도 높은 가격의 최고급 주택을 지어야 한다. 각국 대사관들이 모여들고, 외국의 유명 연예인들도 찾아와 살 수 있는 곳으로 개발하고 싶어 가슴이 뛰었다.

이런 아름다운 곳을 개발하지 않는 것은 대한민국의 직무 유기다. 이런 곳은 동작구 차원이 아니라, 서울, 아니 대한민국 차원에서 개발해서 외국 관광객들이 몰려오게 해야 하는데, 아직도 개발이 안 되고 있다니! 그리하여 나는 한강이 한눈에 보이는 공원 정상에 기부채납으로, 미국 로스앤젤레스에 있는 그리피스 천문대처럼 천문대를 앉혀놓자는 목표를 세웠다. 그와 함께 노량진 본동을 획기적으로 개발하면 세계적인 부자들도 살고 싶어 하는 그런 명소가 되지 않을까 생각했다.

구청장이 되기 전까지만 해도 서울시의 도시공원에 대한 규제가 그렇게 강력할 것이라고는 생각하지 못했다. 동작구에 있는 가로수 한 그루라도 없애려면 서울시의 심의를 통과해야 할 정도다. 사실상 서울시는 도시공원에 대해 손도 대지 못하게 한다. 서울시 산하에 25개 구청이 있으니 난개발을 막기 위한 규제는 필요하겠지만, 때로는 지나친 것 같았다.

서울시에서 공공개발을 하는 서울주택도시공사(SH)가 있다. 구청장으로 취임하자마자 공공개발 하는 분들을 만나 노량진 본동의 개발을 나한테 맡겨 주면 국제적인 명소로 만들겠다고 간청하며 도와달라고 진심으로 부탁했다. 하지만 아쉽게도 결국 거절당했다.

그렇다고 좌절할 수는 없었다. 그 부근에 동작구 구청 땅이 있다. 그 땅만이라도 별도로 개발하려고 준비하고 있다. 그리고 그 맨 꼭대기에 천문대를 세우려고 한다. 내 계획대로 천문대까지 건설하고 나면 우리나라 최고의 명소가 될 것이다.

지금의 모습
언제까지 남아 있을까

얼마 전, 나인원 한남을 75억 원에 사서 250억 원으로 팔아 대박이 났다는 기사를 봤다. 유명한 영화감독이 4년 만에 175억 원의 시세차익을 남겼다는 것이다.[9] 나인원 한남은 과거 용산 기지에 주둔하던 미군들이 거주한 외국인 아파트를 재개발하여 지어진 것이다.

동작구를 얘기하면 가장 먼저 떠오르는 비탈길 지역이 상도동이다. 그만큼 유서 깊고 전통 있는 지역이다. 상도동(上道洞)은 '길 위에 있는 마을'이라는 뜻으로, 대부분이 언덕으로 이루어진 지형에서 이름이 유래했다. 그러나 오래된 동네라는 인식에 걸맞게 개발이 뒤처진 곳이다. 현재 70~80년대에 지은 빌라촌이 대부분이다.

하지만 언덕이 많아도 그 언덕으로 길이 나 있어서 어느 곳에서 보더라도 한강이 잘 보인다. 말하자면 거의 모두 '한강 전망'이다. 이런 전망 좋은 동네가 개발이 크게 뒤떨어져 낙후된 지역이 되다니? 내가 나서서

---

[9] "영화 감독 OOO, 나인원 한남 250억에 매도, 4년 만에 175억 차익", 《조선비즈》, 2025. 05. 17.

반드시 개발해야 할 지역이라고 생각했다. 그리하여 값비싼 금싸라기 땅이 되어야 한다. 현재 상도동, 특히 상도3, 4동을 중심으로 개발하고 있다. 그 옆까지 재개발하면 20만 평이 넘는다. 개발기간은 약 6~7년 정도에 끝내려 한다. 개발이 끝나면 이 지역은 새로운 모습으로 완전히 바뀌게 될 것이다.

또한 하늘이 도우려는지 내가 제일 자신 있어 하는 철도 개발사업에서 서부선 철도가 동작구를 통과하게 되어 있다. 경전철인 서부선 철도는 민간 투자 사업으로 추진되고 있으며 동작구는 노량진역, 장승배기역 그리고 상도4동 약수맨션 앞에 정거장이 계획되어 있다. 사실 나는 철도청, 국토교통부에서 근무하며 수많은 철도역을 직접 설계하고 건설하며 운영했던 경험이 있다. 따라서 상도동과 노량진에 설치될 역들을 어떠한 철도역들보다 아름답고 편리한 역들로 만들고 싶다.

우선 상도4동에 들어설 철도역은 좁은 2차선 도로 밑에 만들도록 설계되어 있어서 상도4동 재개발에 안성맞춤이었다. 철도역과 재개발을 동시에 추진하고 지하의 철도역 윗부분에는 주차장 등을 만들어 주민들의 공간으로 거듭나게 하고 싶다. 그 계획을 실현시키기 위해 오늘도 분주히 발길을 옮긴다. 서부선은 내년(2026) 착공을 앞두고 있다.

사통팔달,
교통 인프라의 메카

　사당동은 내가 서울에 살면서 지인들과 수없이 만남을 해 오던 곳이다. 그런데 돌이켜 생각해 보니까 지하철 사당역에 내려서 지인들과 만났던 장소들은 대부분 서초구 방배동, 또는 관악구 남현동이었다. 동작구 사당동의 먹자골목은 가본 적이 거의 없었다.

　사당동은 서초구 방배동, 관악구 남현동과 더불어 3개의 자치구 경계 지점에 있으며, 경기도와의 접경 지점으로 수많은 지하철 승객의 만남의 장소로 유명한 곳이다. 그런데 지하철 2호선, 4호선의 지하철역 이름이 '사당역'이다 보니 경계 지점이라기보다는 '사당역' 그 자체로 인식되고 있다.

　사당동은 과거 70~80년대 토지구획정리사업으로 정리된 지역이라 빌라촌으로 형성되어 있다. 상대적으로 길 건너 서초구 방배동과 많이 대비된다. 따라서 사당동을 방배동보다 더 멋지게 개발하고 싶었다. 이곳을 변화시키는 방법은 재개발하는 것뿐이었다. 하지만 사당동을 도시계획상 상업지역으로 지정해 놓아 토지가격이 워낙 비싸져 통상적인 재개발로는 수지타산이 맞지 않았다. 그 때문에 개발에 엄두도 못 내는 실정이었다.

무엇인가 획기적인 시설을 유치해 그 지역의 몸값을 올리지 않으면 방법이 없었다. 경기도의 접경 지역이다 보니 국제학교를 유치하면 좋을 것 같은데, 교육부 통과가 쉽지 않아 구청장 임기 4년 동안에는 어려워 보였다.

후보 시절 네이버 지도로 사당동을 살펴보다가 큰 문제점 하나를 발견했다. 바로 사당동에 공영주차장이 없다는 것이었다. 한누리 주차장에 40면이 있었는데 그마저 임대주택을 짓는다고 폐쇄된 상태였다. 주차장이 없는데 어떻게 승용차를 가지고 사당동에 올 수 있겠는가? 내 판단으로는 사당역 7번 출구 앞쪽에 공원이 있는데, 공원 지하에 주차장을 만들면 대략 100면 정도의 공영주차장을 만들 수 있을 것 같았다.

또한 광역 간선버스 정류장이 다른 지역에 비해 너무 적었다. 경기도로 출퇴근하는 사람들이 버스에서 내리면 식당 등이 가까이 있어야 하는데 정류장이 적으니 그냥 지나치는 것이다. 그리고 지하철역 출입구에 에스컬레이터가 없었다. 사당역은 엄청난 승객들로 크게 붐비는 역인데 7번, 8번 출입구에 에스컬레이터가 없었다. 다행히 8번 출입구 쪽에는 만드려는 공사계획이 있었다.

아울러 사당역 인근에 만남의 장소가 필요했다. 7번 출입구 쪽 공원 지하에 주차장을 만들면서 지상 공원도 만남의 장소로 만들면 좋을 것 같았다. 이러한 조건들이 갖춰지고 만남의 장소를 명소로 조성하면 사당동 상권도 매출이 크게 오를 수 있다고 판단하고 있다.

현재 사당역 8번 출입구에는 2024년 9월에 에스컬레이터가 준공되어 지하철 이용 편의가 크게 향상되었으며, 7번 출입구 쪽에는 예산을 순차적으로 확보해 만남의 광장을 조성하고 있다.

사당동 만남의 광장

쓰레기장의
변신은 무죄

우리 동작구에서 2022년은 기록적인 수해가 발생했던 해로 기억된다. 대체로 100년 주기로 이와 같은 대홍수가 일어난다고 했다. 서울에서는 그동안 1920년에 기록된 354mm가 역대 최고 강수 기록이었는데, 2022년 폭우는 이 기록을 넘어 기상 관측 이래 최고인 381mm를 기록했다.[10]

동작구도 거의 다 물에 잠겼다. 동작구 구민들의 피해는 말로 표현하기 어렵고, 눈 뜨고 볼 수 없을 정도로 처참했다. 수많은 주택이 잠기고 이틀 뒤, 비가 그치자 집마다 가구나 옷가지 등 살림살이들을 밖으로 꺼내 놓아 어느 곳이나 산더미처럼 쌓여 있었다. 또한 지하실에 있던 물건들도 물에 잠겨 못 쓰게 되자, 집 밖으로 내놔 길거리가 온통 크고 작은 쓰레기 더미로 가득했다.

이 어마어마한 쓰레기들을 복구 작업에 동원된 군인들과 함께 치우

---

10) "서울, 역사에 남을 기록적 폭우... 115년 만? 100년 만? 80년 만?", 《한국일보》, 2022. 08. 09.

고 있었다. 군대가 아니면 엄두도 못 낼 일이었다. 엄청난 쓰레기를 트럭에 싣고 인천 매립장까지 옮기는데, 쓰레기장이 멀어서 한 번 왕복하려면 무려 3시간이 걸렸다. 그런 느린 속도로 그 많은 쓰레기를 모두 치우려면 얼마나 걸릴지 예측도 어려웠다. 비가 또 온다는 기상예보로 한시가 촉박했다.

현장에서 상황을 살피던 나는 이래서는 안 되겠다고 생각했다. 새로운 대책이 있어야 했다. 그때 사당1동에 넓은 공터가 있는 것을 발견했다. 그곳 한쪽에 건축공사를 하려고 울타리를 쳐놨는데 그 옆으로 제법 넓은 공터가 있었다. 나는 그 공터를 임시 폐기물 처리장으로 쓰고 싶었다.

그러자면 땅 주인으로부터 허락을 받아야 했다. 먼저 우리 직원을 시켜 울타리를 쳐놓은 공사 예정지는 무엇을 지으려는 것인지 알아봤더니, 이미 건축허가가 난 곳이지만 아직 공사를 시작하지 않았고 언제 공사를 할 것인지 당장 기약도 없다고 했다.

그곳은 어느 화장품회사 회장의 땅이었다. 나는 그에게 전화를 걸었다.

"안녕하십니까? 저는 동작구청장입니다."

"아, 그러십니까? 웬일로 전화하셨습니까?"

"사당1동의 회장님 땅 좀 저희에게 빌려주십시오. 홍수 피해를 당한 지역의 쓰레기를 치워야 하는데, 쓰레기장이 너무 멀어서 제대로 진척이 안 됩니다. 회장님 땅의 넓은 공터를 일주일만 빌려주시면 그곳에 쓰레기를 모아 놓았다가 큰 트럭으로 옮기겠습니다."

회장은 난처한 듯 망설였다.

"도와주십시오. 그곳으로 옮겼던 폐기물은 저희가 책임지고 말끔하게 치워드리겠습니다. 그 땅에 나 있는 무성한 풀들도 저희가 모두 치울 테니 아무 걱정하지 마시고 좀 빌려주십시오."

신속히 수해 폐기물을 처리할 방안을 고민하던 내겐 회장 허락이 무엇보다 급선무였다. 회장은 선뜻 확답을 하지 못하다 결국 허락했다.

일에는 순서가 있고 그에 따른 타이밍도 있다. 폐기물 처리는 시급한 문제였다. 이곳이 마땅한 적지임을 알아채고 얼른 행동을 취해, 수해 지역 폐기물의 원활한 수송을 위한 사당임시적환장을 설치했다. 그리고 쓰레기 680톤을 모두 옮겼다. 그 많던 쓰레기가 그렇게 해서 빠르게 말끔히 치워진 것이다.

그런데 동작구에는 당면한 또 다른 문제가 있었다. 바로 공영주차장 문제였다. 옆에 서초동은 사당천을 복개해서 대형 주차장을 만들었고,

관악구도 공원 밑에 100면이나 되는 큰 주차장이 있는데 우리 동작구는 공영주차장이 한 면도 없었다.

그 때문에 나는 온갖 대책을 생각하다가 문득 사당1동의 그 넓은 공터가 떠올랐다. 나는 또다시 화장품회사 회장에게 전화를 걸었다.

"회장님, 회장님 땅의 공사는 왜 안 합니까?"

"아, 그거요. 그게 공사비가 너무 올라서……."

"신축공사를 1년 이상 안 하실 거면 그 땅을 저한테 한 번 더 빌려주십시오."

"아니, 왜 또?"

"이번에는 쓰레기장이 아니고 주차장으로 쓰려고 합니다."

"왜 남의 땅에 주차장을 만들어요? 제가 재산세도 내고 있어요. 아마 2억 원 가까이 내고 있을걸요."

"정확히 1억 2천만 원을 내고 계십니다. 그 땅에는 제가 재산세를 받지 않겠습니다."

"그렇지 않아도 K 회사에서도 주차장을 만들고 싶다며 1억 5천을 주겠대요."

"허허, 회장님. 저하고 흥정하시는 겁니까?"

"흥정하는 게 아니라……."

"그러면 종부세도 감면해 드리겠습니다. 종부세가 적어도 3~4억 원 될 겁니다."

"네? 그게 정말입니까?"

"아니, 그럼, 구청장이 거짓말하겠습니까?"

그리하여 땅 주인과 1년 단위의 연차 계약을 했다. 동작구청에서는 곧바로 65여 면의 공영주차장을 만들어 현재 운영하고 있다. 주차장이 없던 사당1동에 비로소 공영주차장이 생긴 것이다. 동작구의 상권에서 이 주차장을 이용하면 1시간은 무료다. 또한 주차장에서는 5분당 300원의 주차료를 받는다. 모두 동작구청의 수익이 된다.

사당1동 공영주차장

공영주차장 덕분에 사당동이 180도로 바뀌었다. 주차장이 없었을 때는 서초동으로 가고, 관악구로 가던 사람들이 사당동으로 몰린다. 그 바람에 사당동 상권이 활기를 띠게 됐다. 그전에는 못 본 척하던 사당 주민들이 이제는 내가 지나가면 모두 아는 척하며 반갑게 인사한다. "주차장을 건설하려면 3~5년 이상 소요되는데 이런 방식으로 주차장을 만들어 놓다니……. 정말 대단한 사람이다, 상상도 못했던 일이 벌어졌다.", "우리 박일하 구청장은 정말 행정력이 뛰어난 분이다."라고 하시는데 그런 이야기를 들으면 괜히 쑥스럽기도 하지만 솔직히 기분은 좋다.

30년 숙원사업도 해결중!
자원순환센터 지하화

구청장 후보 시절 신대방2동 주민들에게 자원순환센터 지하화 때문에 원성을 들었었다.

"우리 신대방2동 지역주민의 30년 넘는 숙원사업이 동작·관악 자원순환센터 지하화인데 박일하 후보 공약에 그런 내용이 빠졌어요."

"아름다운 보라매공원에 폐기물 쓰레기장이라니, 이 쓰레기장을 어떻게 할 건지 대책은 있습니까?"

"이야기는 들었습니다만, 제가 자세한 실무 내용까지 정확히 파악하고 있지는 못합니다. 통상 하수종말처리장이나 쓰레기 처리시설의 경우는 민자사업을 유치해서 해결 방안을 찾는데, 제가 구청장이 된다면 자세히 살펴보고 대책을 세우겠습니다."

현재 보라매공원에 붙어 있는 쓰레기 처리시설은 동작구와 관악구에서 발생하는 생활·재활용 폐기물 처리 시설이다. 하지만 기피 시설이다 보니 마땅한 이전 부지도 없고, 비용도 많이 들어 그 자리에 지하화하기로 관악구와 동작구가 2018년 협약을 체결했다.

1990년대부터 관악클린센터로 이용해 오다 2003년부터는 해당 시설 일부가 재활용 선별장으로 활용되었으며, 2007년부터는 동작구 보라매 집하장으로도 사용하고 있다. 2014년에는 동작, 관악 주민대책위원회가 보라매 쓰레기 집하장(관악클린센터) 이전 협약을 하고 2016 ~ 2017년 동안은 음식물 쓰레기 반입이 일체 중단되기도 했다. 이후 2018년 12월 두 지자체가 동작·관악 공동자원순환센터 건립과 지하화를 위한 협약을 맺고 총 486억 원(동작 165억 원, 관악 321억 원)의 건립 기금을 조성했다.

　지금까지 총 적립 기금이 486억 원에 불과한데 자원순환센터 지하화 사업비로 약 3,000억 원 정도 소요된다면 5년간 500억 원씩 적립해도 20~30년은 더 적립해야 된다는 결론이 나온다. 설령 국비가 투입되더라도 약 15년 정도는 더 적립해야 하는데, 그렇게 할 수는 없다고 판단하고 민간투자사업으로 신속한 건립 방안을 찾았다. 하지만 민간투자사업에는 주무관청이 나서야 하는데 동작구, 관악구 2개 지자체가 주무관청이 되다 보니 문제가 간단치 않았다.

　민간사업자가 동작구와도 협의하고 관악구와도 협의하게 해서는 원만한 사업 진척이 어려울 것 같아, 우리 구청끼리 민간 재개발 사업하는 것처럼 조합을 만들자고 제안했다. 관악구도 반대하지 않았다.

그리하여 자치 단체 간 처음으로 조합을 설립하였고 2023년 12월, 서울시에 조합 설립 승인까지 받았다. 그에 따라 현재 민간투자사업 제안서가 접수되어 KDI 공공투자관리센터에서 민자 적격성 조사를 착수한 상태다. 이렇게 되면 총 사업비 2,858억 원 중 민간이 약 1,672억 원을 부담하고, 동작구는 58억 원, 관악구는 84억 원만 부담하면 된다. 나머지 비용은 국비와 시비로 충당할 계획이며, 사업은 2028년 4월 착공 목표로 추진 중이다.

목표를 이루려면 방법을 찾아내고 이를 적극적으로 추진할 동력을 마련해야 한다. 구민의 삶의 질 향상과 편의를 위한 바로미터를 어떻게 세워갈 것인가에 대한 고민은 동작구의 현장을 누비는 오늘도 계속된다.

정치란

백성의 눈물을 닦아 주는 것이다.

네루

PART 6

세계 최고의 도시를 꿈꾸며

동작구청 주식회사 설립

　동작구의 운영을 주민들의 세금에만 의존할 수는 없다는 것이 나의 신념이다. 그러기에는 내가 구상하는 동작구의 혁신적인 발전과 개발에 재원이 턱없이 부족하다. 이에 나는 소위 '동작구청 주식회사'를 설립했다. 이 회사는 돈을 벌 수 있는 기업과 같은 기능을 갖는다. 지자체도 재원이 부족하면 스스로 벌어서 충당해야 한다는 생각이다.

　동작구에는 원래 '어르신 행복 주식회사'가 있었다. 주로 어르신들의 일자리 창출이 가장 큰 목표였던 곳이었다. 나는 조례를 전부 개정해서 그것을 '동작구청 주식회사'로 확대 개편하고 재개발·재건축 등 정비사업이 포함된 각종 수익성 있는 사업들을 추진하는 기업으로 재탄생시켰다.

　그러자 동작구 의회의 일부 의원이 반발하고 나섰다.

　"어르신 행복 주식회사는 2015년 어르신 일자리 창출을 통한 복지를 실현하고자 설립된 기관으로, 정비사업과는 그 목적과 범위의 동일성이 전혀 없습니다."

　이와 같은 지적에 대해 동작구청 주식회사의 설립 목적을 다시 한번 설명했다.

　"기존의 어르신 행복 주식회사는 사업 영역이 제한적이어서 수익성 개선을 위한 근본적인 틀을 바꿀 필요가 있다고 동작구 의회에서도 수없이 지적된 사항입니다. 동작구청 주식회사는 여러 의원님의 지적대로 사업 다변화를 통해서 어르신 행복 주식회사의 틀을 바꾸기 위한 지속적인 고민의 결과임을 알아주시기 바랍니다."

　"하지만 동작구청 주식회사 설립에 있어서 절차적 타당성도 결여되어 있어요."

　"동작구청 주식회사는 신규 출자, 출연기관 설립이 아니기에 문제 될 것이 없습니다."

　견해 차이는 있었으나 구의회에서 동작구청 주식회사 설립 관련 조례안이 통과됐다.

　'대한민국동작주식회사'는 사업을 통해 수익이 발생하면 그 수익을 모두 동작구에 다시 환원하게 되어 있다. 동작구가 100% 출자했기 때문이다. 이 주식회사가 설립된 첫해에 1억 7천만 원의 잉여금을 남겼다.

이 수익 모두 동작구에 재투자해야 하는데 어디에 쓸 것인가? 고민 과정에서 탄생한 것이 '청년 만 원 주택'이었다. 가령 거주하는 주택의 임대료(월세)가 40만 원이라면 청년은 1만 원만 내고 나머지 39만 원은 대한민국동작주식회사에서 지급한다. 청년뿐 아니라 신혼부부도 해당된다. 서울 한복판에서 한 달에 1만 원만 내면 살 수 있는 집이 생긴 것이다.

앞으로 대한민국동작주식회사의 역할을 기대해 보기 바란다. 지자체가 스스로 재원을 충당하는, 기존 개념을 뛰어넘어 엄청난 센세이션을 일으킬 것이 분명하다.

산을 움직이려면
작은 돌부터 들어내라

현재 우리 동작구는 인구 약 38만 명, 18만 7천여 세대가 살고 있다. 세대별 인구가 약 2명 남짓한 것은 그만큼 1인 가구 또는 2인 가구가 많다는 것을 의미한다.

구정(區政)의 목표는 호국 충절의 도시, 교통의 요충지, 생동감 있는 도시다. 나는 그러한 목표를 가지고 주민들의 신뢰로 '최고의 가치 도시'를 건설하기 위해 10가지 추진 방향을 설정하고 모든 노력을 아끼지 않았다. 그 10가지 추진 방향은 아래와 같다.

- 정체된 도시변화를 위한 기반 마련
- 십수 년간 안 바뀐 일상 속 불편 사항부터 해소
- 전 세대를 아우르는 동작형 복지의 시작
- 미래 4차산업 선도 도시로의 준비
- 각종 생활·복지 정책의 성장
- 도시개발로 전 지역의 개발 동력으로 활용
- 스카이라인부터 주민의 삶까지 바꾸는 변화의 실행

- 복지, 생활, 경제 등 도시 전 분야 발전으로 차별화된 동작 구현
- 민선 8기 새로운 변화를 완성하여 성과 체감 및 확산
- 달라진 도시 가치, 눈에 띄는 변화로 '최고 가치 도시 동작' 완성

 이와 같은 구체적이고 실질적인 목표 달성을 위해 필사적으로 노력한 결과 획기적인 성과를 얻었다. 그것은 수많은 수상(受賞)이 증명한다. 처음 2년 동안만 하더라도 정부의 각 부처와 서울특별시, 각종 관계 기관으로부터 2022년 24건, 2023년 36건을 수상하며 많은 인센티브를 받아 전국의 지자체들을 놀라게 했다. 짧은 기간에 이처럼 많은 상을 받은 것은 동작구로서는 지금까지 유례가 없는 일이었다.

 그 가운데 몇 가지만 소개하더라도 2022년, 문화체육관광부에서 주최하는 대한민국 공공디자인 대상에서 최우수상을 받았으며, 대한민국 국토대전에서 국토부장관상을, 청소년 정책 분석평가에서 여가부장관상을 받았다. 2023년에는 범죄예방대상에서 국무총리표창을 받았으며, 고용노동부가 평가하는 전국 지방자치단체 일자리대상 우수사업 부문에서 최우수상을, 한국매니페스토실천본부의 민선 8기 전국 기초단체장 공약 실천 평가에서 최우수 등급인 SA 등급을 받았다. 그밖에 행정안전부의 지방자치단체 재정분석 평가에서 최우수를 받는 등 2년간 무

려 60건의 수상은 우리 동작구의 모든 정책과 행정이 전국에서 가장 모범적으로 운영되고 있다는 것을 입증함으로써 동작구민들에게 큰 자부심과 긍지를 갖게 해 주었다.

나는 그 수많은 성과 가운데 행정안전부와 국민권익위원회로부터 민원 서비스 종합평가 '우수'를 받은 것이 무엇보다 기뻤다. 알다시피 2022년은 내가 동작구청장이 된 첫해이며 민원 서비스야말로 주민들과 가장 가까이하는 우선적 행정이어서 내가 구청장 첫날부터 발 벗고 뛴 것이 결코 헛된 일이 아니었다는 것을 말해 주는 것 같았다. 사실 동작구청은 2022년 7월부터 3년간 무려 1,093건의 일상 속 불편을 해결했다. 거의 매일 하루에 한 건씩 민원을 처리한 셈이다. 그만큼 주민들과 원만한 소통이 이루어진 것이다.

자주 이야기했듯이 구청장은 원칙적으로 선출직 정치인이다. 하지만 나는 말만 앞세우는 정치인이 아니라 실천하는 공무원처럼 지금까지 동작구를 위해 일해 왔다. 그리고 결과적으로 많은 실적과 성과를 올렸다고 자부한다.

세상이 혼란스럽고 경제난도 좀처럼 나아지지 않아 국민 불만이 갈수록 높아지는 실정이다. 그런 까닭에 많은 국민이 제대로 되는 일이 하나도 없다고 현실에 매우 민감하다. 말은 안 해도 분노와 울분이 가득하다. 그에 따라 불편을 해결해 달라는 민원도 무척 많다.

민원이 많으면 공무원들도 힘들다. 민원 사항을 적당히 뒤로 미루거나 무성의하고 태만했다가는 난리가 난다. 힘든 현실로 잔뜩 예민해진 주민들의 분노가 폭발하며 공무원에게 화를 낸다. 고함을 치고 욕설을 내뱉고 때로는 폭력까지 서슴지 않는다.

그렇다고 공무원이 민원인과 맞서 싸워서는 안 된다. 친절과 겸손한 태도로 민원인을 응대해야 하며, 적극적으로 민원 해결 의지를 보여야 한다. 누가 뭐래도 공무원은 국민의 공복이다. 민원 처리 결과에 대해서도 자세하게 설명하고 설득해야 한다. 이러한 환경에서 주민들의 그 많은 민원 사항을 해결했다는 것은 정말 자랑할 만한 일이다.

주민들의 민원 사항은 어찌 보면 사소한 일이다. 대개 자신들의 실생활과 관련해서 겪는 갖가지 불편 사항들을 해소해 달라는 것이다. 구청에서는 민원을 접수하고 상황을 살펴야 한다. 민원인 한 사람이 겪는 불편인지, 많은 주민이 겪는 불편인지 살펴보고, 민원인 한 사람의 불편이라면 설득하고 여러 주민에게 불편한 사항이라면 공익 차원에서 반드시 해결해야 한다.

얼핏 보면 대다수의 민원이 대수롭지 않을 수도 있다. 내가 구청장이 되고 첫 번째로 해결한 가장 큰 민원은 '신상도초등학교 사거리 좌회전 신설' 추진이었다. 그러한 민원은 공익을 위해 꼭 필요한 것이었다.

점심시간 주차단속 유예 시간 연장, 기울어진 전신주 위험 해소, 노량진역 8번 출구 부근의 노상 적치물 정비, 상가 앞 간판을 가리는 가로수 정비, 불법주정차 단속과 같은 민원은 별것도 아니었다. 다시 말하면 주민들의 민원이 들어오기 전에 구청에서 선제적으로 처리할 사안들이란 것이다. 내가 구청장으로서 주장한 것이 선제적 처리였다. 주민들의 민원이 들어오면 반드시 해결해야 하는 것은 말할 것도 없고, 구청에서 적극적으로 나서서 발로 뛰며 주민들의 편의를 위해 필요한 것들을 먼저 찾아내 해결해야 한다.

이를테면 비탈길, 오르막길에 벤치를 설치한다든가, 공중화장실을 증설한다든가, 열매가 떨어질 때 몹시 지저분하고 고약한 냄새가 나는 은행나무에 그물막을 설치한다든가 하는 것 등은 구청이 먼저 해결할 수 있는 사안들이다. 동작구청의 그러한 각종 선제 조치에 주민들의 반응은 매우 좋았다. 당연히 앞으로도 현장을 누비는 적극 행정을 지속해 나갈 것이다.

새로운 파라다이스
도시를 꿈꾸다

내가 동작구청장이 된 이래, 잠시도 쉬지 않고 현장을 발로 뛰며 많은 일을 해 왔다고 스스로 자부한다. 그 가운데서도 주민들로부터 좋은 반응을 얻고 뜨거운 지지를 받는 사업들은 2025년은 물론 이후에도 지속하거나 규모를 더 늘려 나갈 계획이다.

청년이 머물고 싶은 도시

SH(서울주택도시공사) 청년 안심주택 동작구민 우선 공급분도 좋은 반응을 얻고 있는 만 원 주택 등에 포함해 계속 확대해 나가려고 한다. 기존 43가구에서 95가구까지 확보를 추진하고 있다. 아울러 19~39세 무주택 청년 1인 가구 200명과 신혼부부 50가구를 대상으로 매월 20만 원, 최대 12개월까지 월세를 지원한다.

또한 전국 최초로 취업하지 못하는 관내 청년 그리고 재학 중인 미취업 청년 500명을 대상으로 1인당 매월 6만 원, 연간 최대 54만 원의 식비를 지원한다. 우리 지역 소상공인과 협력해 할인 금액을 지원하는 방식이다. 그리고 관내 청년 500명을 대상으로 문화생활 공모를 통해 1인당 문화생활비 10만 원을 지원한다. 올해 1,000명 지원을 목표로 하반기에도 공모전을 열어 500명의 청년을 추가 선정할 계획이다.

그뿐 아니라 청년들의 취업과 창업을 위해 시범지역을 지정하고 입주 공간을 지원한다. 자신의 능력만 있다면 비용은 걱정 없도록 청년들의 구직활동도 지원, 어학·자격증 응시료 최대 10만 원과 취득 축하금 최대 50만 원까지 지급한다.

95세 어르신도 일할 수 있는 도시

현재 경제난과 함께 국민이 가장 고통 받는 것 가운데 하나가 일자리다. 일자리가 있어야 생계를 이어갈 수 있기에 취업은 남녀노소 누구에게나 가장 절실한 문제이다.

나는 구청장으로 취임하자마자 2022년, 일자리 대책 종합계획을 수립했다. 이어 2023년에는 개별적으로 운영되던 4개의 일자리센터를 통합해 일자리 서비스를 원스톱으로 지원받을 수 있도록 동작취업지원센터를 출범시켰다. 여기서 멈추지 않고, 2024년 동작구민 고용 중소기업에 최대 510만 원을 지원했으며 관내 중소기업에 취업한 청년 근로자에게는 2년간 총 200만 원의 근속장려금도 지급했다. 그와 함께 동작구 일자리 교육을 추진하고 중소기업 창업지원센터도 조성했다. 그리하여 지난 3년 동안 동작구민 17,713명에게 일자리를 제공했다. 현재 상도1동, 대방동 등 각 주민센터는 어르신들을 위한 일자리를 만들어, 최고령 95세부터 93세, 91세, 89세, 88세 등 여러 어르신들이 실제로 활발히 일하고 계신다. 그야말로 일하는 도시, 은퇴 없는 도시가 동작구이다. 2025년에도 동작구 직접 채용 일자리를 376명 확대해 동작구민 4,286명에게 일자리를 제공하려고 한다.

한 걸음 더 나가 동작 유니콘밸리에 신기술 유망기업이 입주하고 주요 간선도로변에 업무시설을 확보하여 새로운 일자리와 함께 일자리를 창출할 수 있는 기업들을 늘려 나가려고 한다.

모두가 이사와서 살고 싶은 건강한 도시

동작구는 지난 3년 동안 구민들의 생활체육을 지원하고 찾아가는 서비스로 구민들의 건강을 챙겨 왔다. 2022년에는 아동·청소년 정신건강 의료비 지원을 지자체 최고 수준으로 확대했으며, 2023년에는 모자건강센터를 열었고, 노인들을 위한 치매 안심 셔틀버스도 신설했다. 또한 서울시 최대 약 5,900㎡ 규모의 반려견 공원을 개장했다. 아울러 65세 이상 어르신의 건강을 위해 기존 방문 간호사에게 받던 건강관리를 확대해 의사, 간호사, 영양사, 운동사 등으로 구성된 건강주치의팀에게 1대 1 맞춤형 관리를 받을 수 있도록 '100세 디딤 건강주치의' 사업을 만들었다. 2024년에는 '맨발의 동작 프로젝트'로 모두 61개소의 맨발로 걷는 길 조성계획을 진행했으며 어르신 건강 장수 프로그램을 신설하고, 무릎, 허리 관절 통증 해소를 위한 주민 강좌도 새로 만들었다. 또 반포천 부근에 파크골프장을 준공했다. 모두 계속해서 진행할 사업들이다.

동작 파크골프장

2025년부터 구민들에게 최상의 보건의료서비스를 제공하기 위해 동작구 건강관리청을 운영한다. 보건소를 신청사로 이전해 넓은 공간을 마련하고, 질병예방을 넘어 재활치료까지 아우르는 구민 맞춤형 건강정책을 체계적으로 시행하겠다는 의미를 담아 '건강관리청'으로 변경했다. 아울러 동작구민 건강대학을 출범시켰다. 특히 나이 많은 어르신들을 위해 낙상방지과, 혈당관리과 등 생활에 밀착된 건강관리학과 9개를 운영하며 근력강화 및 균형운동, 식생활과 이상지질혈증 관리, 자세검사·걷기교육 등의 강의를 펼치고 있다. 역시 더욱 확대해 나갈 계획이다.

동작구 건강관리청

저출산이 국가적인 문제지만 출산도 옛날과 달리 병원에서 아기를 낳아야 하기에 비용이 만만치 않다. 동작구에서는 임신부들이 출산 비용을 걱정하지 않게 꼼꼼히 지원하고 있다. 우선 냉동 난자 사용 보조생식술 1회당 100만 원, 부부당 최대 2회까지 지원하며, 35세 이상의 임신부 의료비로 임신 회당 50만 원을 지원한다.

이외에도 출산을 앞둔 가정의 행복한 태교를 위해 첫째 10만 원, 둘째 20만 원, 셋째 이상 30만 원의 태교패키지 바우처를 제공하고 있다. 이 비용은 출산예정자의 여행이나 외식, 건강관리, 문화비용으로 사용할 수도 있다. 그리고 아기가 태어나면 출산축하금·축하용품과 신생아 상해·질병 보험료 등도 지원한다.

더욱이 아이를 낳으면 튼튼하게 잘 키워야 한다. 아기들은 면역력이 약해서 자주 아프고 탈이 난다. 그래서 동작구에서는 야간이나 휴일에도 진료 걱정이 없도록 최선의 배려를 하고 있다. 관내 의원급 의료기관과 MOU 체결을 통해 복잡한 응급실이 아닌 가까운 의원에서 진료가 가능하도록 조치했다. 현재는 5개소의 의료기관과 협약을 맺고 있지만 앞으로 모든 진료과목을 받을 수 있도록 더 많은 의료기관과 협약을 추진하고 있다. 지정 의료기관에는 피해가 없도록 별도의 운영비를 시간당 20만 원(1일 3시간)씩 지급하고 있다.

그리고 어린아이들이 자연을 체험하고 안전하게 놀 수 있도록 '유아 숲 체험장' 일대를 혁신적으로 리모델링한다. 흑석동 산 42-1번지 일대에 화재 같은 안전에 취약한 위반건축물들을 복합문화공간으로 재편하고 유아 숲 체험장, 황톳길을 연계해서 지역주민이면 누구나 이용할 수 있는 공간을 마련한다.

　아울러 주민들의 건강한 생활을 위해 구민들과 가까운 곳에 생활체육시설을 대폭 확대하려고 한다. 예컨대, 노량진 4구역에 스쿼시, 펜싱, 클라이밍 등 고급 스포츠를 즐길 수 있도록 명품 스포츠센터를 건립할 계획이다. 또 사육신공원 안에 잔디마당, 전망 피크닉 존, 공연장 등을 조성하고, 흑석동 일대에 6면의 '현충 실내 배드민턴장'을 만들려고 추진 중에 있다. 까치산공원 일대에는 생활밀착형 걷기 특화 공원도 조성할 예정이다.

교통 좋아! 공기 좋아!
살기 좋은 동작

편리한 교통환경 동작

동작구는 전통 깊은 오래된 마을들이 많을 뿐 아니라 언덕길, 비탈길, 골목길, 좁은 길이 많아서 교통이 매우 불편한 지역이다. 그 때문에 교통 불편 해소가 주민들의 오랜 염원이었는데 10년이 지나도 좀처럼 개선되지 않았다.

내가 동작구청장에 부임하면서 가장 먼저 추진한 사업 가운데 하나가 바로 동작구 주민들의 교통 불편을 반드시 해소하겠다는 것이었다. 그에 따라 곳곳의 교통신호 체계를 개선해서 좌회전 신호, 우회전 차로 등을 신설하기도 했다. 그와 함께 마을버스 정류소에 동작구형 승차대와 마을버스 정보안내 단말기를 설치해 주민들의 교통환경을 크게 개선했다.

더욱이 마을버스 운전기사 인력 부족을 해결하기 위해 서울시 최초로 마을버스 운전자 양성 교육도 하고, 전국 최초로 자율주행 마을버스도 운행하고 있다. 또한 구비 2억 원을 투입해서 자체 마을버스 재정지원금을 지급했으며 마을버스 체계 개선 용역도 실시했다. 그 밖에도 동작구의 모든 어린이 보호구역에 LED 바닥 신호등 설치를 완료했다.

교통 불편 해소와 교통 체계 개선은 한두 번으로 끝날 사항이 아니다. 교통환경의 변화에 따라 앞으로도 계속해서 주민들이 편리하도록 개선해 나갈 예정이다.

그 가운데 하나로 2025년, 당장 시행할 사업이 마을버스 노선체계를 개편하는 것이다. 우리 아이들의 통학 불편을 해소하고, 사당4동처럼 마을버스가 없는 곳에 마을버스를 투입할 계획이다.

구민의 생명과 재산을 지키는 안전한 동작

사람이 편안하고 안정적인 삶을 유지하는 데 생명과 재산만큼 소중한 것은 없다. 동작구청은 자연재해를 비롯해 범죄, 교통사고 등 여러 위험으로부터 365일 구민들을 안전하게 지키기 위해 최선을 다해 왔다. 2022년 뜻하지 않게 기록적인 수재를 당하면서 침수 피해 정부 재난지원금을 서울시 자치구 중 가장 먼저 전달하고, 그와 별도로 동작구 자체 재난지원금도 서울시에서 가장 빠르게 지급했다.

2023년에는 24시간 재난안전상황실을 신설했으며, 사당2동에 수방전진기지를 설치하고 자치구 최초로 빗물받이 거름망을 자체 개발해 시범 설치했다.

    2024년에는 자동 도로 열선을 57개소 8,158m로 확대해 117년 만의 폭설로 눈이 28cm나 쌓여도 동작구는 안전했다. 올해는 4개소 674m를 추가 설치한다. 또한 더욱 신속한 제설 대응을 위해 이동식 염수분사장치도 지속적으로 확대할 예정이다.

    동작구청장에 취임한 지 겨우 한 달쯤 지났을 때 갑자기 서울에 엄청난 수재가 발생하고, 동작구도 큰 피해를 당했을 때부터 다시는 이런 재난을 당하지 않도록 하겠다고 결심했다. 그리고 곧바로 수해 방지를 위한 단기, 장기 대책을 모두 고민했다.

    단기적으로는 가장 큰 침수 피해를 당한 상도동 A시장에 침수 방지 대책을 세우고 시장 초입부터 상도3동 주민센터를 거쳐 장승배기역까지 이르는 구간 내 대방천 복개암거의 격벽 50개를 철거하는 공사에 착공했다. 이것은 물 흐름을 원활히 하고, 수위를 균등하게 분산시키는 효과가 있다. 이외에도 빗물받이를 정비·신설하는 등 배수시설을 철저히 보강할 계획이다. 장기적으로는 이수~과천 복합터널 민간투자사업과 동작구 보라매공원에서 노량진 빗물 배수펌프장에 이르는 도림천 대심도 배수터널 공사를 추진하고 있다.

장기 숙원사업이 모두 해결되는 동작

전국 어느 곳에나 주민들의 숙원사업이 있다. '숙원사업'은 말뜻 그대로 오랫동안 주민들이 정부나 지자체에서 해결해 줄 것을 고대해 왔으나 그러한 염원이 좀처럼 해결되지 않는 사업을 말한다.

물론 숙원사업이 해결되지 않는 과정에는 각종 법률적 제약이 있는 경우가 많으며, 정부나 지자체로서도 모르고 무심해서가 아니라 여러 사정이 있을 것이다. 하지만 법적으로나 정부의 시책에서 크게 벗어난 것이 아니라면 지자체 수장의 해결하겠다는 적극적인 의지가 있어야 한다. 나는 그러한 발상의 전환으로 수십 년 동안 해결하지 못했던 주민들의 숙원을 반드시 풀어주려 온갖 노력을 다했다.

이를테면 2022년에는 상도동에 최고급 사우나와 수영장을 만들기 위해 민간 복합개발을 시작했으며, 턱없이 부족한 주차장 259면을 확보했다. 2023년에는 시각장애인 쉼터를 확대 이전하고, 농아인, 지체장애인을 위한 쉼터도 신설했으며, 서울시 교육청과 흑석고등학교 설립을 위한 업무협약을 체결했다. 그리고 사당로 보도육교와 정류장을 설치해 맞은편 버스를 타기 위해 먼거리를 우회해야 했던 주민들의 불편을 해결했다.

2024년에는 사당역 8번 출구에 에스컬레이터를 만들었으며, 발달장애인 가족쉼터도 신설했다. 그뿐 아니라 장애인 친화 미용실을 1동에 1개소씩 조성하고, 서울시 최초로 영어 놀이터도 개관했다. 무려 27년이나 주민들의 숙원이었던 흑석고등학교는 내년(2026) 3월 개교를 목표로 차질없이 공사 진행 중에 있다.

또한 앞에서 말한 동작·관악 공동자원순환센터 건립도 순항 중이다. 보라매로 일대에 지하 2층, 연면적 37,697㎡, 1일 용량 600톤 규모의 센터가 될 전망이다. 지상층은 주민 여가시설로 만들고, 지하층에 폐기물 선별·압축시설을 설치하려 한다.

그리고 신안산선 대림삼거리역에는 출입구를 추가로 설치할 예정이다. 출입구와 지하 연결보도를 설치해서 보행 약자의 편의를 도모할 것이다. 아울러 동작구는 공영주차장 부족으로 주민들이 늘 불편을 토로해 왔기 때문에 주차장 확보를 우선 사업으로 계획하고, 사당역 8번 출구에 공영주차장과 사당동 한누리 주차타워도 신설할 계획이다. 그와 함께 청석 거주자우선 주차장 56면을 개장하고, 단독주택 밀집 지역의 부지 확보, 나대지를 이용해서 적극적인 주차장 전환 작업을 진행하고 있다.

또 하나, 거동이 몹시 불편한 장애인과 장애인 가족들의 숙원도 빠르게 해결하고 있다. 다양한 장애인들의 유형별 쉼터를 계속해서 확충해 나가고 있는가 하면, 중증장애인을 위한 행복카(Car)도 운행 중이다. 여기서 그치지 않고, 복지 사각지대에 있는 중고령 장애인들에게 꼭 필요한 맞춤형 서비스도 지원한다. 동작구에 거주하는 중고령 장애인 400명에게 1인당 120만 원 범위 안에서 자신이 원하는 여가, 식생활, 주거환경 서비스 등을 지원하는 것이다.

이러한 사업들은 내가 구청장이 된 이래, 새롭게 계획을 세우고 꾸준히 추진하며 실행에 옮기고 있는 사업들이다. 뜻깊고 주민 편리를 위한 사업일수록 한 번으로는 끝날 수 없다. 주민들의 주거환경이 자주 바뀌기 때문이다.

따라서 나는 이러한 사업들을 지속시키는 것은 물론, 더욱 확대하고 추가해 나가려 미래 사업계획에 넣었다. 그리하여 동작구 주민들이 자랑스럽고 큰 자부심을 지니게 된다면 더 이상 바랄 것이 없다.

아직도 갈 길이 남아 있습니다

　서울 동작구의 행정 책임자가 된 지 어느덧 3년이 넘었다. 구청장의 임기는 4년이다. 이제 임기도 얼마 남지 않았다. 지난 3년 동안 그야말로 정신없이 뛰면서 동작구의 발전과 주민복지를 위해 온 힘을 쏟은 결과, 전국 어느 지자체에도 뒤지지 않는 실적과 성과를 거두었고 주민들로부터 큰 호응도 받았다. 그런데 돌이켜 보면 동작구 발전에 여전히 미진한 부분들이 남아있어서 안타까움과 함께 아직 멀었다는 생각이 든다.

　컴퓨터에는 하드웨어와 소프트웨어가 있다. 컴퓨터 초창기 미국의 스티브 잡스는 하드웨어로 성공했고, 빌 게이츠는 소프트웨어로 세계 최고의 부자가 된 인물이다. 물론 그들 이야기를 하려는 것은 아니다. 내가 동작구청장이 되면서 머릿속에 그렸던 큰 그림은 구민들에게 자부심을 심어주겠다는 것과 동작구의 지도를 바꾸겠다는 것이었다. 말하자면 구민들이 자부심을 지니게 하는 것이 소프트웨어라면 동작구 지도를 바꾸는 것은 하드웨어라고 할 수 있다.

　그런 뜻에서 소프트웨어는 대개 성공했으며 동작구 주민들에게 자부심과 긍지를 갖게 했다고 자신 있게 말할 수 있다. 하지만 동작구의 지도를 바꾸는 하드웨어는 시간을 더 필요로 한다.

미국의 라스베이거스(Las Vegas)는 네바다주 모하비 사막에 세워진 화려한 도시다. 원래 그곳은 스페인이 통치하던 지역이어서 스페인어로 '라스 베가스'지만 영어로는 라스베이거스로 부른다. 도시의 역사는 대략 100여 년에 불과하다.

그런데 황량한 사막 한복판에 갑자기 들어선 도시가 어떻게 세계에서 가장 화려한 도시가 됐을까? 라스베이거스는 도박의 도시다. 수많은 카지노가 들어서면서 사람들이 몰려들었고, 매춘과 마피아 등의 폭력조직이 판을 쳤다. 그래서 범죄도시(Sin City)라는 악명이 높지만, 어쨌든 오늘날 세계에서 가장 화려한 도시로 손꼽히고 있는 것은 분명하다.

미국 캘리포니아에는 또 베벌리 힐스(Beverly Hills)가 있다. 역시 불과 100여 년 전, 석유 탐사, 주거지 개발 등으로 크게 번성한 지역이다. 인구는 약 3만 5천 명이지만 캘리포니아 어느 도시에도 속하지 않은 독자적인 행정구역이다. 고급 쇼핑 거리인 로데오 드라이브를 중심으로 최상의 편의 시설이 구축되어 있어 대부호들이 많이 사는 곳이다.

또한 베벌리 힐스 가까운 곳에 세계적인 영화의 도시로 유명한 할리

우드(Hollywood)가 있다. 이곳도 베벌리 힐스와 함께 수많은 인기스타와 재력가들이 사는 곳으로 더없이 부유한 지역이다.

내가 서울 동작구에 집중적으로 관심을 갖게 된 것은 동작구청장에 출마하라는 여러 사람의 권유가 있을 때부터였다. 그에 따라 혼자서 조용히 동작구를 둘러보면서 나는 두 가지 이유로 놀랐다.

첫째, 세계적인 대도시라고 할 수 있는 서울의 중심 지역에 자리 잡고 있으면서도 크게 낙후되어 있다는 것이다. 주변의 여의도, 용산, 서초, 강남 등은 눈부시게 개발되었는데 동작구만 아직도 7080 수준에 머물러 있는 것이 안타까웠다.

둘째, 동작구의 자연경관이 너무나 뛰어나다는 것이다. 제1한강교 옆 용양봉저정 공원의 빼어난 경관과 서달산 정상에 올라가면 보이는 유유히 흐르는 드넓은 한강, 그리고 한강 변의 눈부신 절경이 가슴을 설레게 한다. 흑석동의 명수대(明水臺)는 워낙 풍광이 빼어나 1920년대 일제강점기, 일본의 어느 부호가 그곳에 별장을 짓고 아름다운 한강을 바라보며 이름을 붙였다고 한다. 또한 상도동의 구릉지대는 베벌리 힐스나 할리우드보다 못할 것이 없고, 국립현충원도 명당에 자리 잡고 있다. 대도시의 중심 지역에 이렇게 멋진 곳이 있다니! 나는 흥분을 감출

수가 없었다. 반드시 이곳을 전 세계에서 주목하게 될 단 하나의 도시로 만들고 싶었다. 박일하에게 맡겨주면 할 수 있을텐데…….

내가 동작구청장에 도전한 까닭도 거기 있었다. 오직 구청장이 되기 위해서가 아니라 토목과 개발 전문가인 내 손으로 동작구의 지도를 변화시켜, 고품격의 도시로 만들고 싶어 구청장 선거에 도전했다. 내가 계획한 대로 개발해 나가면 동작구도 머지않아 라스베이거스, 베벌리 힐스에 뒤지지 않는 세계적인 도시, 고품격 도시가 될 수 있다고 확신했다. 그리고 그것이 내 꿈이 되었다.

그리하여 동작구청장에 도전했으며 우여곡절 끝에 당선됐다. 그리고 구청장이 되자마자 내 야망을 실현할 방안들을 마련하기 시작했다. 하지만 현실은 내 마음과 달리 녹록하지 않았다. 정부의 국토개발 종합대책, 서울시의 개발 대책, 공공개발에 따른 각종 법규제, 개발 우선순위 등 숱한 장애 요소와 제약이 있었다. 나는 구청장의 권한에 제한이 많다는 사실을 절실하게 깨달았다.

그렇다고 힘없이 주저앉고 포기할 수는 없었다. 동작구의 미래를 위해 언젠가는 반드시 해야 할 일이었다. 때로는 동작구 개발에 소극적인 정부나 서울시가 아쉽기도 했다.

나는 우선 구청장의 권한 내에서 고품격 명품 도시를 지향하는 동작구의 기반 시설을 구축하기로 했다. 그에 따라 2023년 지자체 최초로 도시개발·관리 가이드라인을 수립했으며, 동작구형 미래도시 정비정책 세미나도 개최했다. 이 세미나는 도시 정비를 위한 공공, 민간의 역할 정립과 동작구의 미래 발전 방향 모색 등이 주제였으며 외국의 세계적인 미래학자 토머스 프레이도 참여해서 열띤 강연을 펼쳤다. 그때 세미나의 좌장이 박상우 전 국토교통부 장관이었다.

동작구형 미래도시 정비정책 세미나

그밖에 흑석동에 한강 수변공원 복합화 사업계획을 본격화하고 흑석동 11구역 개발을 가속했으며 흑석역 급행열차 정차를 본격적으로 준비하고 있다.

지성이면 감천이라는 말이 있다. 집념을 포기하지 않고 꾸준히 추진해 나가다 보면 언젠가 기어코 뜻이 이루어질 날이 올 것이다. 신앙인들이 진심으로 기도하는 것은 하늘이 감동해서 그들이 원하는 것들을 이루어 준다.

우리나라 경제 분야의 두 거목이라고 할 수 있는 삼성그룹의 고(故) 이병철 회장과 현대그룹의 고 정주영 회장은 그들의 성장 과정과 성품이 크게 다르다. 그것을 단적으로 표현한 것이 이병철 회장의 '되면 한다'와 정주영 회장의 '하면 된다'이다.

나는 개인적으로 정 회장의 '하면 된다. 해보자'를 선호한다. 동작구의 지도를 바꾸는 원대한 구상은 어쩌면 불가능해 보일 수도 있을 것이다. 그러나 하면 된다는 신념으로 꾸준히 추진해 나가면 언젠가는 그 뜻이 이루어지리라고 확신한다.

정주영 회장은 매일 아침 소풍 가는 기분으로 출근했다고 한다. 그날 해야 할 일들이 기대되고 즐거워서 마치 소풍 가는 것처럼 가슴이 설레인다는 것이다. 우리들이 초등학교 때 소풍을 생각하며 가슴 설레던 것과 같다. 그처럼 나도 앞으로 해야 할 일들을 생각하면 가슴이 설렌다. 그렇다. 그러한 마음가짐으로 하면 된다.

희망과 함께 앞으로
걸어 나가리

　2002년 한일월드컵에서 우리 축구 대표팀을 응원하던 붉은 악마의 구호가 '꿈은 이루어진다'였다. 우리 대표팀은 이 대회에서 히딩크 감독의 지휘 아래 4강에 오르는 역사적 성과를 올렸다. 대표팀이 4강에 오른 것은 그야말로 꿈이 이루어진 것이다.

　어려서부터 나는 시작한 일에는 끝장을 봐야 직성이 풀리는 성격이었다. 다시 말하면 동작구에서 내가 벌여 놓고 아직 끝장을 보지 못한 일들이 많이 남아 있다는 이야기이다. 하기는 40만에 가까운 동작구 주민들을 위한 일에 끝이 있을 수는 없다. 그렇더라도 내가 할 수 있는 것은 반드시 해내겠다는 각오다.

　그것을 큰 테두리에서 보자면 주민복지를 더욱 향상하겠다는 것이다. 물론 복지향상에 끝이 있을 수 없지만 구체적으로 주민들의 안전한 생활을 위해 더욱 노력하려고 한다.

　근래 들어 범죄 발생률이 눈에 띄게 증가하고 있다. 범죄자가 넘쳐나

교도소의 감방이 부족할 지경이다. 옛날에도 시국이 어지럽고 살기 어려울 때는 도둑 떼가 들끓었다지만 일반적으로 보통 도둑들은 순진했던 것 같다. 물론 도둑을 두둔하는 것은 아니다. 우리 부모 세대는 물론이고, 내가 어렸던 시절만 하더라도 대개의 국민이 가난하게 살았다. 하지만 도둑은 많지 않았다. 그래서 대문을 열어놓고 살았다는 노인들이 많다. 하기는 모두 가난했기에 들어가 봤자 훔쳐 갈 만한 물건도 없었다. 고작 안마당의 빨랫줄에 널린 옷가지나 훔쳐 갔을까?

그 시절에는 좀도둑이나 강도가 있기는 했지만, 살인이나 성폭행은 극히 드물었다. 살인사건도 있기는 했지만, 정신병자가 마구 휘두른 낫에 찔려 사람이 죽거나 서로 심하게 다투다가 우발적 살인을 하는 것이 대부분이었다.

그러나 지금의 절도범들은 무섭다. 한 번 잠입하면 탈탈 털어간다. 입고 자는 잠옷만 빼놓고 몽땅 털어간다고나 할까? 아니, 좀 과장하면 흉기로 위협하며 잠옷도 벗겨간다. 강도에게 저항했다가는 죽임을 당한다. 강도를 쳐다보기만 해도 얼굴을 봤다고 살해한다.

나는 일찍이 이처럼 험한 세상에서 우리 동작구 주민들만이라도 안전한 삶을 이어갈 수 있도록 각종 범죄 예방에 최선을 다했다. 그 결과 2023년에는 우리 동작구가 법무부로부터 범죄예방대상 국무총리 표창을 받았다.

 유아, 어린이들이 교통사고로부터 안전하고, 젊은 여성들이 밤늦게 혼자 귀가하더라도 안전하고, 어르신들이나 장애인들도 마음 놓고 나들이를 할 수 있어야 안전한 삶이다. 가정폭력이나 어린이 학대도 없어야 한다. 그러자면 주민들 스스로 안전의식을 가져야 하며 구(區)에서도 치안과 사고 예방을 위해 세심하고 빈틈없는 노력이 필요하다. TV를 보면 수십 개의 채널들 가운데 각종 범죄 수사를 다루는 프로그램들이 무척 많다. 어쩌다 그런 프로그램들을 시청하다 보면 우리나라가 마치 범죄 천국인 것처럼 느껴진다.

 아파트가 많은 우리 주거문화에서 한 가지 흐뭇한 것은 집마다 배달된 택배들이 현관 앞에 놓여 있어도 다른 사람이 집어 가지 않는다는 것이다. 정말 다행스럽게도 그러한 사회적 정서가 정착된 것 같다. 미국만 하더라도 단독주택이 많아서 그런지 몰라도 어느 집 현관 앞에 택배 박스가 놓여 있으면 지나가던 승용차가 멈춰서 그 박스를 집어 가는 일이 흔하다.

 모든 주민이 마음 놓고 편하게 살 수 있는 세상, 모든 사람이 화기애애하게 생활하며 웃음이 그치지 않는 세상, 그리하여 서로 믿고 사는 세상, 살맛 나는 세상이 되게 하려는 것이 구청장인 나의 꿈이기도 하다.

젊은이들이 자신들의 꿈과 미래를 포기한 것은 이미 오래전 일이다. 연애, 결혼, 출산을 포기한, 이른바 3포 시대를 거쳐 취업, 내 집 마련 등까지 포기한 5포 시대를 넘어 요즘은 N포 시대라고 한다. 취업은커녕, 알바도 구하기 힘든 세상이다.

돈이 없으니 이성을 사귀기도 어렵고, 행여 이성과 교제하더라도 어마어마한 결혼 비용을 감당 못해 결혼을 포기한다. 그뿐 아니라 내 집 마련은 꿈도 못 꾼다. 취업해서 고정 수입이 있더라도 수입을 10년 넘게 고스란히 저축해 봤자 내 집을 마련하긴 쉽지 않다.

동작구도 이 현실에서 예외일 수 없다. 오히려 다른 지역보다 젊은 세대들이 더 많이 살기 때문에 이런 위기감이 더 크게 느껴진다. 나는 이 모든 문제의 책임이 결국 우리 기성세대에게 있다고 생각하며, 그 책임을 외면하지 않기로 다짐했다. 그래서 구청장에 취임하자마자 민선 8기 일자리 대책 종합계획을 수립하고, 2023년에는 '동작취업지원센터'를 출범시켜 각종 지원을 아끼지 않았다. 그 결과 많은 청년들에게 일자리를 제공할 수 있었다.

하지만 여전히 미흡하다. 대학을 졸업하고, 군 복무를 마친 젊은이들은 계속해서 늘어나기 마련이다. 더욱 필사적인 노력과 새로운 방안으로 청년 일자리를 확충해 나갈 생각이다.

우리 젊은이들의 고뇌 가운데 하나가 '불확실한 미래'다. 그들의 미래가 확실할 수 있도록, 적어도 동작구 청년들은 모두 보람찬 일자리를 가질 수 있도록 다양한 정책을 지속적으로 추진해 나갈 계획이다. 그리하여 셀 수 없이 많은 것을 포기하는 N포에서 벗어나게 하는 것이 나의 간절한 소망이다.

이를 실현하기 위해서는 무엇보다 우리 동작구의 역할이 매우 중요하다. 젊은 사람들이 취업을 준비하며 가장 많이 찾는 곳이 바로 동작구이기 때문이다. 특히 노량진 지역에 AI 사관학교, 코딩·게임 대학원 등 젊은 세대가 역량을 발휘할 수 있는 교육시설을 조성해 인재를 키우고, 양질의 일자리를 만들며, 미래 먹거리를 창출해야 한다. 그렇게 대한민국의 지속가능한 발전을 이끌어 내야 한다. 이를 반드시 해내겠다는 다짐을 다시 한 번 해 본다.

난 맞섰어,
그리고 당당했어!

나는 결코 특별한 사람이 아니다. 그저 평범한 보통 사람이다. 그러나 독특한 경험과 내재한 능력을 토대로 오케스트라 지휘자 같은 역할을 나보다 잘하는 사람은 이제껏 잘 보지 못했다.

가난한 집안에서 태어나 어머님을 일찍 여의고, 그 무렵에는 시골이나 다름없는 충청북도 제천에서 고등학교까지 마칠 수 있었던 것은 남다른 학구열 때문이었다. 하지만 대학 진학은 꿈도 꿀 수 없는 형편이었다.

그럼에도 포기하지 않았다. 오직 공부하겠다는 마음 하나로 무작정 상경했다. 물론 갖고 있는 돈도 없었고 숙식을 해결할 숙소가 있는 것도 아니었다. 그런 상황에서 거리의 신문보급소 배달원 모집 벽보를 보게 된 것이 어쩌면 행운의 시작이었다.

고맙게도 매일 신문을 배달하며 그곳에서 먹고 자고, 최소한의 생활비를 벌 수 있었다. 여전히 대학 진학의 꿈을 버리지 않고 노량진 재수학원을 다녔다.

서울에 있는 웬만한 대학은 갈 수 있는 점수였으나 경제적 형편 때문에 학비가 없는 철도대학에 진학했고, 졸업하자마자 당시 부산지방철도청의 8급 공무원으로 임용됐다. 그곳에서 내가 철도공무원으로 시작한 첫 일은 삽과 곡괭이를 들고 철길을 정리하는 일이었다. 내 기대와는 달리 건축 현장에서 흔히 쓰이는 일본말로 '노가다', 막일꾼으로 노동자나 다름없었다.

육군을 만기 제대하고 철도청에 복귀했으나 여전히 철길에 나가 막노동을 해야 하다 보니 공무원을 그만두고 다른 직업을 갖고 싶었다. 그때 산업 디자인에 관심이 생겨 디자인 회사 면접까지 보고 이직을 준비했다. 근데 하필 딱 승진이 되는 바람에 철도청에 눌러앉았다. 또 외국 회사에 취업하려고 했지만, 그때도 승진해서 이직을 포기할 수밖에 없었는데 그것은 결과적으로 행운을 가져다주었다.

철도공무원을 계속하면서 자격증을 많이 따기로 결심한 것은 공부를 좋아하는 내 체질 탓일 것이다. 그에 따라 토목기사 자격증, 정보처리기사 자격증, 토목기술사 자격증, 철도기술사 자격증 등을 취득했다. 그러자 주변에서 짧은 시험 준비 기간에 공부할 시간이 없었는데도 어떻게 자격증을 딸 수 있었는지 의아해하며 공부 방법을 묻기도 했다.

기술사 시험은 과목도 많고, 관련 서적이나 참고서들도 무척 많다. 나는 책을 사가지고, 퇴근하면 독서실로 가서 공부했다. 하지만 겨우 몇 장 들여다보면 졸음이 쏟아져 꾸벅꾸벅 졸기만 하다가 집으로 돌아왔다. 겨우 몇 장을 외우면 다음 날 다 잊어버렸다. 그런 식으로 공부하면 그 많은 책을 제대로 읽지도 못할 것 같았다.

고심 끝에 공부 방법을 바꿨다. 기출문제들을 분석하기 시작했다. 그러면서 집중적으로 살펴보니 과목마다 출제하는 패턴이 있었다. 그에 따라 출제유형을 분석하고, 이번 시험에 출제할 것 같은 문제들을 선택해서 아주 짧은 기간에 그러한 문제들만 집중적으로 파고들었다.

그런데 정말 신기하게도 내가 분석했던 예상 문제들이 거의 100% 다 출제됐다. 당연히 단 한 번에 모두 패스했다. 분석력과 통찰력을 활용한 학습 방법이 통했던 것 같다.

정부의 조직개편으로 나는 철도청에서 건설교통부, 국토해양부, 국토교통부 등의 요직들을 두루 거쳤으며, 경기도청에 파견돼 건설 국장도 역임했다. 또한 공부도 계속해서 4년제 종합대학 토목공학과를 마칠 수 있었으며 대학원에서 철도전공으로 석사, 박사학위까지 취득했다. 공무원이었기에 합법적으로 공부를 계속할 수 있었던 것도 큰 행운이었다.

지금도 퇴근 후 별다른 약속이 없으면 곧바로 집에 가서 컴퓨터 앞에 앉아 이런 저런 것을 검색하고, 신문·잡지 등을 읽어 보고, 무엇인가 새로운 정보를 찾아서 공부한다. 학구적이라기보다는 탐구적인 성격 때문이다. 예컨대, 암호화폐, 미국 증권시장 등 내가 잘 모르는 분야를 탐색하고 공부해서 새로운 것을 조금이라도 알게 되면 무척 뿌듯하고 기분이 좋다.

철도공무원이 되고 초임 시절, 철길에 나가 삽질과 곡괭이질 했을 때만 해도 총각이었으니까 토요일, 일요일에는 만화방에 자주 갔다. 그 무렵, 무협지가 많았는데 거의 모두 대작들이었다. 그 대작들을 한꺼번에 다 읽었다. 금요일 저녁에 들어가서 짜장면 사 먹으며 이틀 꼬박 밤새워 다 읽고, 일요일 저녁에 만화방을 나오는 경우가 허다했다.

그 당시, <영웅문>이라는 50권짜리 책이 인기였는데 그것도 밤을 새워가며 한꺼번에 끝까지 읽었다. 물론 재미있으니까 그랬겠지만 어쩌면 나에게 끈기, 탐구력, 집중력 같은 것이 있었던 것 같다.

또 운동신경이 제법 뛰어났던 건지 축구를 잘해서 학교에서도 군대에서도 늘 팀 대표였다. 골프도 쳤다. 박세리 선수가 한참 인기를 끌 무렵이었다. 박 선수 때문에 골프 붐이 불어 공무원들도 당연한 듯 골프를 쳤다. 집중력이 남다른 나는 주말에는 골프연습장에 살다시피 하며 골프에 매달려, 핸디가 70대로 아마추어로서는 A급 수준까지 올랐다. 그런데 아내가 노골적으로 불만을 터뜨렸다. 자기는 시아버지 모시고 아이들 뒷바라지에 정신이 없는데 어떻게 주말이면 골프장에서 사느냐고 몹시 화를 냈다. 할 말이 없었다.

그때 나는 골프를 딱 끊었다. 그 뒤로는 단 한 번도 골프를 치지 않았다. 골프를 끊을 때 과감하게 담배도 끊었다. 결국 나는 술, 담배, 골프를 전혀 안 하게 되었는데, 계기가 어떻든 결과적으로 공직자로서는 행운이었다.

정치에는 문외한이었던 내가 동작구청장에 도전을 결심했을 때, 공무원이라 소속 정당이 있을 리 만무했고, 정치권에 개인적으로 잘 아는 사람이 한 사람도 없었다. 구청장에 나서려면 무엇을, 어디부터 시작해야 하는지, 정치인으로 첫발을 떼려는 나에게는 먼저 동작구의 정치 상황을 신속하게 알아보고 방향을 설정하는 게 필요했다. 짧은 기간 동안 엄청난 수고를 들였다. 그래서 국민의힘 동작구청장 경선 후보 7명 가운데 들어가게 됐으며 경선을 통해 단독 후보로 뽑혔다.

나는 거의 평생을 봉사했던 공무원 생활을 큰 과오 없이 순조롭게 마칠 수 있었는데, 퇴직을 앞두고 장래 문제를 걱정하다가 우연한 기회에 동작구청장 출마를 결심했다. 그리고 마침내 당선되는 영광을 안았다. 평생 공무원에서 정치인으로의 탈바꿈이었다.

구청장에 취임하고 한 달쯤 뒤, 특히 서울에 기록적인 폭우가 쏟아져 동작구만 하더라도 약 4천 가구가 물에 잠기는 대참사가 빚어졌다. 그때 사당2동의 B 아파트 옹벽이 무너졌다. 아파트 주민들이 급히 대피해야 하는 큰 사고였다. 구청장인 나도 바로 현장으로 달려갔다.

워낙 다급한 상황에서 그곳 아파트 주민들은 건물이 붕괴한다고 빨리 나오라고 하니까 옷가지나 매일 먹는 약품조차 챙기지 못한채 급하게 밖으로 대피했다. 그러다가 다음날 폭우가 잠시 주춤하니 주민들이 집으로 들어가 약이라도 가지고 나오고 싶어했다. 그런데 소방관들이 위험하다며 앞을 막고 들어가지 못하게 했다. 그 때문에 주민들과 소방관들 사이에 실랑이가 벌어지고 옥신각신하며 다투게 됐다. 한 마디로 아수라장이었다. 보다 못해 내가 소방관들 앞으로 나섰다.

"동작구청장입니다. 이 건물 절대로 안 무너지니까 약이나 옷가지를 갖고 나오게 주민들을 들여보냅시다."

"건물이 안 무너진다고 구청장님이 책임질 수 있습니까? 큰 사고가 나면 구청장님이 책임지시겠습니까?"

"네, 책임지겠습니다. 지금 당장은 안 무너지니까 주민들을 들여보내

약품이나 귀중품을 챙겨 가지고 나오게 해 주십시오."

구청장이 책임지겠다고 약속하니까 소방관들도 주민들에게 빨리 들어갔다가 나오라고 허락했다. 구청장이어서 할 수 있는 일이었다.

그날은 빗발치는 폭우 현장에서 비지땀을 흘리며 진흙투성이가 된 채 오직 복구 현장에만 매달렸다. 거의 밤을 새우다시피 하였다. 그냥 구청장으로서 지시하는 것에만 끝나는 게 아니라 내가 몸소 발 벗고 나서서 복구 현장을 지키고 복구에 매달려야 했다.

나를 잘 아는 사람들은 "박일하는 대단한 사람이다. 분석력, 통찰력, 결단력, 추진력, 실천력, 이러한 것들이 뛰어난 사람이다."라고 입을 모은다. 글쎄? 나에 대한 평가에 대해서 내가 맞다, 틀리다 하는 것이나, 자랑스럽다고 하는 것은 옳지 않다.

다만 내가 말할 수 있는 것은 나는 부지런하고 가만히 있지 않는다는 것이다. 매우 활동적이어서 끊임없이 공부하고, 성실하게 일하는 스타일이다. 그러한 활동성 때문에 행운이 뒤따르는 것 같다. 쉽게 말하면, 로또복권도 복권을 사야 당첨을 기대할 수 있다. 복권을 사지도 않고 당첨되기를 기대할 수는 없다.

구청장이 되어 받아본 첫 번째 봉급은 정말 기대 이하였다. 내가 국토부 청장 때 받은 봉급보다 적었다. 사실 믿기지 않았다. 은근히 구청장은 봉급이 많을 줄 알았기에 실망이 컸다. 헛웃음이 나왔다. 그러나 이내 정신을 차렸다. 봉급 때문에 구청장이 된 것이 아니기 때문이다.

현재 동작구청장으로서 목표가 있다면, 우리 동작구를 세계 최고의 도시로 만들고 싶다는 것이다. 그리하여 우리 구민들이 모두 행복하고, 하는 일들에 항상 행운이 뒤따르기를 기대하고 있다.

주변에서 이런 말을 하는 분들이 있다.

"행운이나 기적이 우연히 오는 것 같지만 그렇지 않다. 쓰라린 실패를 경험해야 성공도 할 수 있는 것이다. 그래서 '실패는 성공의 어머니'라고 하지 않던가? 살아가면서 수많은 불운이 있어야 행운도 오는 것이다."

동작구 주민들도 부디 실패, 시련, 수난과 같은 고난과 고통을 두려워하지 말고 용기를 가지고 극복해 나가길 바란다. 그러면 반드시 행운이 뒤따라 삶을 풍요롭게 해주리라 확신한다.

오늘 일요일 아침 미사에서 내가 존경하는 학식이 깊으시고 시인 같으신 상도동 박성칠 미카엘 신부님의 말씀이 인상적이었다. 10년 전쯤 개봉된 <암살>이라는 영화에 대해 말씀하셨는데, <암살>은 일제강점기 일제의 거물들을 암살하려는 독립군 암살단의 활약을 그린 영화이다. 이 영화에서 마침내 우리가 광복을 맞이하고 악질적 친일파였던 염석진을 처단하는 과정에서 "왜 동지를 팔았나?"라는 질문에 그는 "몰랐으니까. 해방될 줄 몰랐으니까. 알면 그랬겠나?"라고 답변한다.

그렇다. 앞날은 어찌 될지 알 수 없다. 그래도 우리는 더 나은 미래를 꿈꾸며 살아가야 한다. 그러다 보면 현재의 고통을 이겨낼 수 있다. 미래를 창조하기에 꿈만큼 좋은 것은 없다.

일제강점기에 광복이 희망이었듯 지금 진행되는 동작구의 도시개발도 구민들에게 희망으로 다가올 것이다. 굳은 희망을 품으면 반드시 그 희망이 현실이 되는 날이 온다. 오늘의 유토피아가 내일의 현실이 될 수 있다. 이런 믿음으로 나는 오늘도 동작구의 더 나은 미래를 꿈꾸며, 동작구가 세계 최고의 도시가 되는 '그날'을 소망한다. 우리 구민들도 그 날이 올 거란 '희망'을 간직하며 살아가길 바란다.

동작구 출생 문학가 심훈이 일제강점기 조국 광복의 간절한 염원을 '그날이 오면'에서 부르짖듯, 어떠한 압박과 절망 속에서도 세계 최고의 도시를 향한 뜨거운 열망을, 미래에 대한 긍정적 소망을 잊지 않으려 한다. 동작구를 꽃피울 그날까지!!

그날이 오면 그날이 오면은

삼각산(三角山)이 일어나 더덩실춤이라도 추고

한강물이 뒤집혀 용솟음 칠 그날이

이 목숨이 끊기기 전에 와 주기만 할 양이면

나는 밤하늘에 나는 까마귀와 같이

종로의 인경(人磬)을 머리로 들이받아 울리오리다

두개골(頭蓋骨)은 깨어져 산산조각이 나도

기뻐서 죽사오매 오히려 무슨 한(恨)이 남으오리까

그날이 와서 오오 그날이 와서

육조(六曹) 앞 넓은 길을 울며 뛰며 딩굴어도

그래도 넘치는 기쁨에 가슴이 미어질 듯하거든

드는 칼로 이 몸의 가죽이라도 벗겨서

커다란 북을 만들어 들쳐 메고는

여러분의 행렬에 앞장을 서오리다

우렁찬 그 소리를 한 번이라도 듣기만 하면

그 자리에 거꾸러져도 눈을 감겠소이다

심훈 _ 그날이 오면

에필로그
epilogue

오늘 아침 출근길에 보니 동작구 거리거리마다 '서울 25개 자치구 중 행복지수 1위 달성, 동작구'라는 현수막들이 걸려 있다. 우리 주민들이 현수막을 거리마다 걸어 놓았다.

구민행복지수 동작구 1위 현수막

서울시에서 매년 실시하는 2024년 서울서베이조사에서 동작구가 행복지수 1위, 자부심 1위, 안전도 1위…… 등을 달성한 것이다.

나도 모르게 입꼬리가 저절로 올라갔다. 참으로 기쁘다.

동작구청장이 되어서 이제 3년을 꽉 채웠는데 이러한 성과를 내다니…….

단 하루라도, 한 시각이라도 동작구를 생각하지 않은 적이 없다. 어떤 시장, 군수, 구청장이 그렇지 않으랴? 그러나 나는 어떻게 하면 도시를 안전하게 할 수 있을까? 어떻게 하면 예쁘게 할 수 있을까? 어떻게 하면 세계 1등이 될 수 있을까? 남보다 결이 다른 생각으로 늘 마음이 분주하다.

3년간의 구정 활동이 주마등처럼 스쳐 지나갔다. 직원들을 독려하고 다그치며 추진해 오던 활동부터 고민하고, 함께 웃고, 함께 화내고 했던 모든 순간이 차창 밖으로 스쳐 지나갔다. 이제 남은 1년, 그동안 펼쳐 왔던 모든 정책을 마무리해야 하는데, 몇 가지 사항들은 생각과 의지대로 흘러가지 않는다.

구청장으로 일해 오며 겪었던 시행착오들도 떠올라 목마른 헛기침을 되풀이했다.

그러나 소위 흙수저에 재산도 많지 않고, 피지컬도 뛰어나지 않고, 보잘것없는 스펙에 불과한 말단공무원급 출신의 구청장이었지만, 남보다

열정적으로 집념을 불태웠던 구청장 박일하였기에 가능했던 정책을 누군가는 기억해 주리라! 남은 1년도 최선을 다해서 성과를 내야지! 항상 감사하며 살아가야 하는데……. 사람의 욕심은 끝이 없나 보다.

오늘은 확대간부회의가 있는 날이다. 확대간부회의를 통해 1등을 만들어 준 우리 직원과 간부에게 감사를 표했다.

"동작구 직원 여러분 너무 감사드립니다!
여러분 덕분에 우리 동작구가 2024년도 서울서베이조사에서 25개 구 전체 중 1등을 한 지표가 한두 개가 아닙니다.

1. 행복지수 1등
2. 서울시민으로서의 자부심 1등
3. 야간 보행시 안전도 1등
4. 교통수단 버스 등 이용 만족도 1등
5. 주거지역 보행 환경 만족도 1등
6. 동네 운동시설 등 만족도 1등

이런 지표들이 어쩌다 대답을 잘하는 주민이 좋게 말해줘서 나온 현상일까요?

저는 그렇게 생각하지 않습니다.

우리 직원들의 노력에 따른 결실입니다. 제가 평소에 생각을 바꾸고 관점을 바꾸자고 질책도 하였지만 여러분들이 끝없는 호응과 협조를 해 주었기에 이런 성과를 내었다고 봅니다.

서울시민으로서의 자부심 1등

'원조 강남' 동작이 그동안 저층 노후 도시로 인식되어 자긍심이 많이 줄어들었던 우리 주민들이 긴 잠에서 깨어난 결과입니다. 앞으로 재개발과 재건축이 활발히 이루어짐에 따라 과거의 원조 강남 명성을 다시 찾는다는 희망이 모여 자부심 1등이 되었을 겁니다.

야간 보행시 안전도 1등을 보겠습니다.

우리가 그동안 골목길마다 어두운 곳은 등을 달아 밝게 해 주었고, 형식적인 활동이 아니라 안심 귀가 스카우트 등 주민들의 체감도가 있도록 노력한 결과입니다.

교통수단 이용만족도 1등은 어떻습니까?

　겨울에 앉아도 따뜻하도록 버스정류장 의자에 열이 들어오는 장치를 해 드렸고, 정류장 표지판도 새로 디자인하여 대부분 교체하였습니다. 또 버스정류장도 쉘터도 동작구 이미지를 형상화하여 새롭게 만들었고, 여름철엔 시원하게, 겨울철엔 따뜻하게 스마트 쉼터도 계속 개선하였기에 가능하지 않았을까요?

주거지역 보행환경 만족도 1등도 마찬가지입니다.

　보도와 차도가 구분되어 있지 않은 곳은 보도 포장을 예쁘게 하여 환경을 지속적으로 개선하고 있고, 학교 주변은 모두 노란색 안전 울타리, 노란색 횡단보도 등을 설치하여 안전 동작을 구현하고 있으며, 보도 중간중간 보행에 지장을 주었던 전봇대는 계속 뽑아서 통행에 편리를 도모하고 있기 때문이 아닐까 생각합니다.

운동기구 등 동네 만족도도 1등을 하였는데요.

　동네 공원과 놀이터 등에 운동기구를 꾸준히 교체하거나 새롭게 만들어 드리고, 황톳길, 흙길도 지속적으로 조성해 주민들의 생활환경개선이 이루어졌기 때문입니다.

이러한 모든 것들이 어우러져 최종적으로 행복지수 1등을 한 것이겠죠?

한 가지 더 고무적인 일이 생겼습니다.

2년마다 실시하는 통계청 지역사회조사에서 우리 동작구가 '사회안전 분야' 평가 1등을 하였습니다. '자연 재해' 항목도 2022년 18위에서 2위로 급상승하였습니다. 또한 환경분야 5개 지표 중 3개 지표가 전체 1위입니다. 이것이 전부가 아닙니다. 103회 어린이날 기념 정부포상에서 항상 민간만 받아오던 아동친화적 환경조성부문, 전국 지자체에서 유일하게 우리 동작구가 국무총리 표창을 수상하였습니다.

정말 믿기지 않는 성과이며 결과입니다. 매우 감격스럽습니다. 그동안 힘들고 어려웠던 순간순간이 싹~ 사라집니다.

저는 이러한 결과에 매우 만족합니다만 여기서 멈추고 싶지 않습니다. 우리 동작을 세계에서 가장 살기 좋은 도시, 가장 살고 싶은 도시, 꿈같은 유토피아 도시로 꼭 만들고 싶습니다.

반드시 만들어 보겠습니다."

영화 <하얼빈>에서 이토 히로부미가 한 대사가 생각난다.

"조선이란 나라는 어리석은 왕과 부패한 유생이 지배해 온 나라지만 저 나라 백성들이 제일 골칫거리다. 받은 것도 없으면서 국난이 있을 때마다 이상한 힘을 발휘한단 말이지!"

우리 동작구민을 믿는다.
대한민국을 믿는다.
이상한 힘을 발휘할 것을…….